POLÍTICAS E PRÁTICAS
NA EDUCAÇÃO DE JOVENS E ADULTOS

Dados Internacionais de Catalogação na Publicação (CIP)
(Câmara Brasileira do Livro, SP, Brasil)

Políticas e práticas na Educação de Jovens e
   Adultos / Valdo Barcelos, Tânia Regina Dantas
(orgs.). – Petrópolis, RJ : Vozes, 2015.

   Vários autores.
   ISBN 978-85-326-5071-9

   1. Educação de adultos 2. Educação de jovens
3. Pedagogia 4. Política educacional 5. Prática de
ensino 6. Professores – Formação I. Barcelos, Valdo.
II. Dantas, Tânia Regina.

15-05255   CDD-379

Índices para catálogo sistemático:
1. Políticas educacionais : Educação   379

VALDO BARCELOS
TÂNIA REGINA DANTAS
(orgs.)

POLÍTICAS E PRÁTICAS
NA EDUCAÇÃO DE JOVENS E ADULTOS

Petrópolis

© 2015, Editora Vozes Ltda.
Rua Frei Luís, 100
25689-900 Petrópolis, RJ
www.vozes.com.br
Brasil

Todos os direitos reservados. Nenhuma parte desta obra poderá ser reproduzida ou transmitida por qualquer forma e/ou quaisquer meios (eletrônico ou mecânico, incluindo fotocópia e gravação) ou arquivada em qualquer sistema ou banco de dados sem permissão escrita da editora.

Diretor editorial
Frei Antônio Moser

Editores
Aline dos Santos Carneiro
José Maria da Silva
Lídio Peretti
Marilac Loraine Oleniki

Secretário executivo
João Batista Kreuch

Editoração: Flávia Peixoto
Diagramação: Sheilandre Desenv. Gráfico
Capa: HiDesign Estúdio
Ilustração de capa: © Dollar Photo Club

ISBN 978-85-326-5071-9

Editado conforme o novo acordo ortográfico.

Este livro foi composto e impresso pela Editora Vozes Ltda.

Sumário

Apresentação, 7

Prefácio – De parangolés *e giros* na EJA, 17
JANE PAIVA

1 As políticas de Educação de Jovens e Adultos no século XXI: diretrizes dos documentos demarcatórios em curso, 25
IVANILDE APOLUCENO DE OLIVEIRA

2 Políticas públicas, cultura e currículo: referenciais para uma análise crítica na EJA, 53
MARIA OLIVIA DE MATOS OLIVEIRA

3 Experiências formativas de educadores em EJA: memória e narrativas autobiográficas, 79
TÂNIA REGINA DANTAS

4 Formação de professor no contexto das relações ambientais: contribuições de Paulo Freire, 115
MARIA SACRAMENTO AQUINO

5 Migração internacional de mulheres: motivações de estudantes soteropolitanas, 145
CÉLIA MARIA ADEODATO
MARIA SACRAMENTO AQUINO
MARIA G. CONCEIÇÃO SANTOS

6 Educação de Jovens e Adultos: entre *menestréis* e *parangolés*, 173
VALDO BARCELOS

Apresentação

A sociedade atualmente vivencia a difícil tarefa de criar estratégias para garantir a sobrevivência do homem em uma estrutura de organização social que prioriza uma busca ávida e sem fim de novos modelos, novas marcas, novos paradigmas, contexto em que a tecnologia desenfreada supera as atividades essenciais para a qualidade de vida. Paralelamente a esse quadro, vivenciamos a desigualdade, a discriminação, o preconceito em toda parte. O que tem se caracterizado como um grande desafio para os gestores e executores das políticas públicas – principalmente a educação básica para os excluídos da escola regular, os jovens e adultos que não tiveram o acesso e a permanência garantidos nos anos iniciais de suas vidas – a Educação de Jovens e Adultos (EJA).

Nesse contexto, esta obra apresenta seis capítulos organizados em três vertentes teórico-metodológicas: políticas públicas; pesquisas focadas na realidade do campo temático; experiências formativas em EJA. A construção dos textos tem a perspectiva de contribuições com os protagonistas da EJA com subsídios para o planejamento, a alocação de recursos materiais e humanos.

No primeiro capítulo, a Profa. Ivanilde Apoluceno (Uepa) discorre sobre "As políticas de Educação de Jovens e Adultos no século XXI: diretrizes de documentos demarcatórios em curso". Ela apresenta um panorama a respeito da Legislação Educacional sobre a EJA desde a Constituição Federal de 1988, passando pela Lei de Diretrizes e Bases da Educação Nacional (LDB) de 1996, pelas Diretrizes Curriculares para a Educação de Jovens e Adultos (2000), chegando até as Confiteas, mais precisamente a VI Confitea, realizada em Belém, em 2009, intentando analisar os princípios e as diretrizes das políticas de Educação de Jovens e Adultos e apontar avanços, recuos e desafios no atual contexto brasileiro.

A professora em questão defende o princípio do direito à educação como fundante e que por isso devem ser ofertadas as condições adequadas para garantir esse direito. Reportando-se às necessidades educacionais dos sujeitos da EJA, afirma que a ampliação de ofertas da educação de qualidade para esse segmento é fundamental para garantir o direito à educação para todos.

Apresenta uma concepção mais ampliada de Educação de Jovens e Adultos que envolve práticas escolares, sem descartar a articulação com o sistema formal e as instituições de ensino da sociedade civil.

Destaca que, historicamente, as relações entre Estado e sociedade civil no campo da EJA sempre foram marcadas por conflitos, configurando duas vertentes: a de democratização (formação para a cidadania) e a de domesticação (formação para o mercado de trabalho).

Discutindo políticas públicas a partir das Confiteas, apresenta as concepções de educação como aprendizagem ao longo da vida e a de educação permanente para o pleno desenvolvimento do educando.

Traz alguns aspectos específicos no marco das políticas públicas a questão da juvenilização dos educandos da EJA, o perfil dos educandos, o aproveitamento de estudos, a avaliação do rendimento escolar, a política de certificação, a organização de propostas experimentais e a formação de professores.

Em relação à formação dos professores, a professora destaca alguns avanços no tocante à formação qualificada e contínua para os docentes, formação associada à pesquisa, valorização da formação e da prática educativa no campo da EJA evidenciados no texto das Diretrizes Nacionais Curriculares para a EJA.

Nas conclusões, aponta alguns desafios que precisam ser enfrentados no século XXI, tais como: a necessidade do debate sobre as políticas da Educação de Jovens e Adultos em diversas instâncias sociais: nos fóruns, nas universidades, nas redes de ensino, intencionando estabelecer um diálogo entre os sistemas de ensino e a sociedade civil e avançar nas proposições político-pedagógicas.

O segundo capítulo com a temática "Políticas públicas, cultura e currículo: referenciais para uma análise crítica em EJA", de Maria Olivia de Matos Oliveira, apresenta uma reflexão em torno da influência do paradigma da ciência moderna, cartesiana, com a divisão do conhecimento em campos distintos, a visão fragmentada do homem e da natureza. Por outro lado evidencia o novo paradigma que desponta com base na diversidade de percepções e de opções metodológicas com partilha de sentimentos, solidariedade, respeito às diferenças e estímulo ao diálogo, a cultura da paz. Enfatiza os desafios que se avolumam no segmento da Educação de Jovens e Adultos, a carência de formação profissional como um processo constante, ao longo da vida.

A Profa. Olivia defende o espaço escolar como o lugar em que os sujeitos expressam e vivem os problemas concretos, como o lócus inicial do processo de formação e participação sociocultural com base na defesa da prática libertária de Paulo Freire. Reflete em torno do modelo de desenvolvimento econômico e as políticas sociais no Brasil e a incompatibilidade com a concepção da universalização dos direitos humanos, conforme prevê a Constituição de 1988.

Evidencia o papel da cultura e do currículo, seus impactos no cotidiano da Educação de Jovens e Adultos. Chama a atenção para a concepção de currículo contida nas relações de poder, da subordinação dos alunos à autoridade do professor, e de resistência dos alunos ao poder e a hierarquia instalada na escola, do currículo oficial ao lado do real e *do oculto* que se mesclam no espaço escolar.

Que a cultura é um elemento permanente no processo de identificação comunitária através do diálogo.

Apresenta resultados da pesquisa com foco na avaliação do Programa de Alfabetização de Jovens e Adultos, onde constata que o aspecto mais comprometedor é o despreparo dos docentes com não cumprimento das Diretrizes Curriculares Nacionais para a Educação de Jovens e Adultos.

A Profa. Olivia enfatiza no tópico "Fundamentos freireanos para uma escola pluricultural", com competência, a autonomia entre os membros da instituição para falar, perguntar, questionar, arguir ou discordar. Que o espaço escolar seja lugar privilegiado para o sujeito da EJA com a sua diversidade sociocultural, que o currículo dê visibilidade ao sujeito no cotidiano da EJA.

Nas conclusões conclama aos protagonistas das políticas públicas, gestores e beneficiários a assumirem seus papéis com posturas mais flexíveis frente às mudanças e considerando o seguimento de jovens e adultos, historicamente excluído de participação social. Que os cursos de formação introduzam nas teorias e na prática a apropriação do discurso pedagógico, com qualidade, competência, planejamento estratégico e participativo sem perder a expectativa de que o professor é um profissional indispensável.

A Profa.-Dra. Tânia Regina Dantas, no terceiro capítulo intitulado: "Experiências formativas de educadores em EJA: memória e narrativas autobiográficas", resgata sua própria história de vida e sua trajetória profissional na EJA iniciada em 1997, na então Faculdade de Educação do Estado da Bahia (Faeeba), trilhando caminhos por eventos internacionais, nacionais e locais onde são presentes temas tais como a especificidade da formação docente na Educação de Jovens e Adultos. A citada professora também enfatiza a criação de um curso de especialização em EJA no âmbito da Uneb, fazendo uma análise retrospectiva sobre os avanços e os recuos dessa proposta educativa, seus objetivos e seu potencial no sentido de contribuir para a transformação do quadro de marginalização e de exclusão na Educação de Jovens e Adultos. Traz ainda uma retrospectiva sobre a participação nos fóruns EJA, ressaltando sua contribuição na criação do Fórum EJA Bahia, em 2000, que, ao longo dos anos, vem se consolidando como um espaço de legitimidade e de articulação entre entidades públicas e privadas, organizações governamentais e não governamentais responsáveis pela gestão e operacionalização das políticas públicas. Respaldada em autores de significativa importância nessa modalidade de ensino, apresenta pesquisas no âmbito das escritas autobiográficas, trazendo reflexões sobre o percurso formativo de alunos e alfabetizadores da EJA nos Programas Brasil Alfabetizado, AJA Bahia e Alfabetização Solidária e egressos do curso de especialização.

A Profa. Tânia Dantas, baseada em autores como Bolívar e Fernández (2001), coloca que a investigação biográfico-narrativa pode ser vista como uma área de estudo da investigação interpretativa, tanto de coleta como de análise de dados, com enfoque e perspectiva próprios. A autora conclui o capítulo mostrando que as experiências formativas dos docentes investigados influenciaram no seu desenvolvimento pessoal e profissional e aponta sugestões para a utilização de novas alternativas metodológicas na formação de professores que podem ajudar na melhoria de qualidade de ensino da Educação de Jovens e Adultos.

O quarto capítulo, elaborado pela Profa. Maria Sacramento Aquino, intitula-se "Formação de professor no contexto das relações ambientais: contribuições de Paulo Freire", e investe em uma abordagem sobre a transversalidade das questões ambientais nos conteúdos da organização curricular para a formação de professores, com contribuições da concepção de educação desenvolvida por Paulo Freire. Segundo a autora, a concepção freireana referencia reflexões em torno de situações que têm contribuído para a degradação e o desequilíbrio ambiental na diversidade de contextos das relações sociais.

Apresenta uma apreciação do contexto, na perspectiva de evidenciar os desequilíbrios das relações ambientais. Enfatiza que a discussão em torno da urgência de medidas que revertam os problemas ambientais terá sentido associando-a à necessidade de desconstrução do atual modelo de desenvolvimento social.

A professora apresenta críticas contundentes acerca da falta de aprofundamento da análise em torno dos problemas ambientais, alertando que não existe uma preocupação evidente dos organismos públicos nacionais e internacionais para a tomada de medidas urgentes para se evitar o risco de um colapso ecológico ambiental geral.

Embasando-se em Freire, afirma que o papel da educação se traduz em um compromisso com a liberdade, com a formação para o exercício da cidadania. Nessa direção, denuncia que uma forte característica do que tem caracterizado a degradação e o desequilíbrio ambiental no mundo atual reside no conteúdo do discurso proveniente dos detentores do poder. Afirma ainda que quanto mais alto o nível das desigualdades sociais na sociedade, mais fortes são as evidências do discurso como instrumento de manipulação sobre a população oprimida.

Reafirma o papel da escola para priorizar os conteúdos que serão transversalizados no seu cotidiano, compreende que não compete a essa instituição dar conta da complexidade dos problemas ambientais, mas pode contribuir na busca de novos caminhos que revertam a situação ambiental de penúria e miséria em diversas comunidades.

A autora enfatiza que a discussão em torno das questões ambientais deve ser inserida nos currículos escolares, e para tanto é importante pesquisar e proceder à análise do ambiente em suas múltiplas e complexas relações; destaca a pedagogia freireana como fundante para desvelar o emaranhado de poderes e interesses que envolvem as relações sociais e, ainda, promover uma educação crítica e conscientizadora da opressão, da exploração e da alienação frente aos cuidados que se deve ter para preservar o meio ambiente.

Conclui ressaltando os grandes desafios a serem enfrentados para uma educação ambiental com a devida qualidade e transversalidade nos currículos escolares em todos os níveis da prática pedagógica e a necessidade de um projeto político pedagógico como prioridade da nação que seja uma proposta política de Estado e não apenas mais um plano temporário de um determinado governo.

Para o quinto capítulo, "Migração internacional de mulheres: motivações de estudantes soteropolitanas", as autoras Célia Maria Adeodato, Maria Sacramento Aquino e Maria G. Conceição Santos apresentam as motivações para as migrações internacionais de jovens para o exterior, um tipo de mobilidade espacial que, na maioria das vezes, resulta em consequências trágicas para as pessoas envolvidas e para a sociedade.

O texto aponta os aspectos negativos da organização capitalista como pano de fundo da instabilidade social, cultural e econômica, como causadora maior de novas formas de escravidão, da prostituição, do turismo sexual, do tráfico de pessoas e de órgãos, do desemprego, do subemprego, do analfabetismo instrumental e da dificuldade de acesso ao visto de trabalho no país que acolhe o imigrante. Levanta dados da exploração das mulheres brasileiras em posição de destaque no cenário internacional a partir da década de 1990. Garotas baianas, das camadas socialmente menos favorecidas e baixa escolarização caracterizam o perfil de mulheres abordadas pelos aliciadores com probabilidades de envolvimento nas redes de exploração sexual.

O referido capítulo resulta da pesquisa em três colégios da cidade de Salvador. Ressaltam que a problemática atual inquieta promotores, professores, juízes, policiais, Organizações Não Governamentais de defesa dos direitos humanos, órgãos do governo e familiares. A referência de autores clássicos e contemporâneos da

Constituição Federal do Brasil, do Estatuto da Criança e do Adolescente e da Lei de Diretrizes e Bases da Educação tem destaque significativo para o embasamento desse estudo, como também os dados recolhidos no Centro Humanitário de Apoio à Mulher (Chame), entidade com sede na Bahia, na cidade de Salvador. O Chame consiste em alertar e prevenir para os riscos da exploração da mulher no turismo sexual e das formas de recrutamento para o trabalho.

O capítulo está constituído de quatro tópicos mais as considerações. Na pesquisa, a riqueza de detalhes como a caracterização e a contextualização da população estudada, as variáveis motivadoras do tráfico internacional, o perfil das estudantes com disposição para a migração, a diáspora brasileira... são elementos constitutivos desse texto. A identificação da magnitude da causa e suas características foram imprescindíveis para o entendimento das motivações que poderão levar as jovens soteropolitanas a uma migração internacional. O estudo revela que a baixa escolarização e o não conhecimento das origens – questões sociais – favorecem a migração desordenada das camadas menos favorecidas em busca de sonhos sem bases concretas.

A pesquisa evidencia os continentes e países de acolhimento aos migrantes oriundos da população brasileira. Atenta para momentos críticos da economia brasileira como fator de favorecimento para o processo das migrações. Ressalta a importância da educação na luta contra a desalienação e do reconhecimento de formas de manipulações que fortalecem as injustiças sociais. Nas considerações finais aponta sugestões para os desafios postos à educação diante da sociedade multicultural globalizada, dos movimentos maciços da população através das fronteiras internacionais, da opressão política e social.

No sexto capítulo intitulado "Educação de Jovens e Adultos: entre *menestréis* e *parangolés*", o Prof. Valdo Barcelos vai buscar na ideia dos *menestréis* e *parangolés* as "inspirações" para tratar da fertilidade, da inventividade e das possibilidades que a Educação de Jovens e Adultos oferece a quem com ela convive, quem a experiencia e quem a investiga, cotidianamente. Valdo Barcelos dialoga em seu texto com o sempre fundamental Paulo Freire para, apoiado neste, reafirmar uma máxima freireana ainda tão atual quando afirma que a realidade da Educação de Jovens e Adultos *não é* assim, *mas está* assim. Pode, portanto, ser mudada.

Os autores

Prefácio
De *parangolés* e giros na EJA

Jane Paiva

Prefaciar o livro organizado por Tânia Dantas e Valdo Barcelos trouxe para mim um novo desafio, marcadamente imposto por dois aspectos a que dou relevo neste texto: a) O primeiro, a aproximação possível de pesquisadores que, embora em um mesmo campo temático, não tinham até então partilhado de formulações cooperativas, o que poderá ser pensado para um futuro próximo, por se chegar mais perto do que fazem: um pesquisador da Universidade Federal de Santa Maria, no Sul do país; uma pesquisadora da Universidade do Estado da Bahia, no Nordeste; e outra pesquisadora carioca, da Universidade do Estado do Rio de Janeiro, no Sudeste. b) O segundo aspecto desse desafio era trazer a este texto, que antecipa o conjunto de capítulos preparados para compor este livro, o espírito dos menestréis e *parangolés* de que Valdo Barcelos lança mão como alegorias, para tratar da fertilidade, inventividade e possibilidades que a Educação de Jovens e Adultos oferece a quem com ela convive, quem a experiencia e quem a investiga, cotidianamente.

Imbuída dessa consciência, parti para um conjunto de reflexões derivadas dos capítulos do livro, dos quais tive eu o privilégio de ser uma das primeiras leitoras, e que compartilho com os demais que terão acesso à obra. Não farei aqui uma (re)apresentação da obra, o que cabe aos organizadores, mas uma polemização com alguns temas/problemas invocados pelos autores.

Deixo claro que não tenho a pretensão de ser menestrel, porque estou mais para a proposta de Barcelos quando invoca o mesmo espírito cinético do *movimento*, traduzido pelo artista Hélio Oiticica como *parangolé*. Esse *movimento* impregnou sua arte, e a nomeação foi especialmente inspirada na placa em abrigo improvisado de um mendigo na rua, em que havia a inscrição *Aqui é o parangolé*. Meu *parangolé*, portanto, será o giro de minha experiência intelectual e epistemológica, perceptiva, em uma trajetória metafórica de *movimentar* radicalmente o pensar a EJA.

Assim pensado, ensaio os primeiros movimentos desse *parangolé*, impostos pela exigência de problematizar o campo em que se deve situar a EJA.

1º movimento do *parangolé*

As concepções mais estritas remetem-na a um lugar institucional – o escolar – que se opõe a um suposto lugar não institucional – o não escolar. Ora, se aprender é um movimento de seres inacabados, diante do mundo, forma como nos humanizamos e avançamos em nossos processos de ser mais, de vir a ser, ele é um processo que existe para a humanidade muito antes da constituição da escola, porque sinergicamente integrado à ordem de viver/sobreviver de tempos imemoriais. O que chamamos de *aprender por toda a vida*, considerando que, enquanto estamos vivos, aprendemos. Porque esse movimento antecede a escola não há como manter a ideia de que há duas possibilidades dissociadas, na sociedade contemporânea, para processos de aprender: na escola e fora dela. O problema é que a escola ocupa parte de nosso dia, parte de nossa vida, enquanto o "fora da escola" ocupa nossa vida inteira. Mas... o que é "fora da escola"? Por que tornar o mundo menor do que a instituição escola, fazendo-a referencial e medida de todas as coisas? Então, advogo que essa é uma falsa oposição, porque o mundo antecede a escola, não devendo ser o outro espaço "tolerável" em que se aprende, para além da escola. Não, o mundo, sim, é a centralidade de um processo cujo direito se põe adiante da perspectiva social, porque direito humano: direito de aprender, direito de humanizar-se, direito de tornar-se pessoa. Por isso, a Educação de Jovens e Adultos é, prioritariamente, direito de aprender por toda a vida, e não direito à escola. Essa é parte da EJA, para os que foram privados do direito proclamado pelas sociedades modernas, mas não sua essência. Aprender é movimento de ser e estar no mundo, de torná-lo *um mundo,* o seu, porque inteligível, reconhecível, para o qual só é compreensível se, para esse mundo singular que criamos, atribuirmos sentidos particulares, nossos, ação de nossa presença no mundo. Como opor esse movimento intenso, cotidiano, permanente, irrepetível à realidade da escola, se aquele é incomparavelmente constante e segue sendo, a despeito do tempo que se gaste ou que se passe na escola?

2º movimento do *parangolé*

Defini, assim, meu primeiro volteio com a capa de um *parangolé* e, no giro, percebo outro aspecto da realidade: ora, se aprender é movimento de toda a vida, e por ele me "educo" (melhor diria me humanizo, porque sou ser inacabado), educo-me *permanentemente* ou *continuadamente*? Essa não é, como pode parecer, uma firula etimológica, porque, quando se trata da EJA, o sentido ideológico está fartamente dado. Assumir a educação de adultos pela concepção de que se aprende por toda a vida tem sido pouco incorporada pelas políticas públicas, especialmente entre nós. Nos últimos anos, a EJA tem sido tratada como direito (ainda de muito poucos, mas direito) à escolarização, e não mais do que isso. Ênfase na alfabetização, e políticas tímidas ainda para reservar um lugar nos sistemas de ensino, de modo que essa não seja a etapa derradeira, mas um início de processo cujo movimento se perpetua por dentro da escola, dos sistemas de ensino, para resguardar o que foi conquistado como direito social. Voltemos à questão lançada: nos anos de 1970, um forte movimento tecnicista varreu a educação de ponta a ponta, e esta assumiu o papel de *educação para*. O que significava isso? Que a finalidade da educação não se colocava no próprio ser humano em formação, na sua razão de ser, mas no fato de que, ao educar-se, o ser humano *servia* para alguma coisa. Então, a educação era *para* o trabalho, *para* a produtividade, *para* a redução do desperdício etc. E essa concepção veio associada à ideia de que quanto mais se investisse técnica e tecnologicamente nela, mais "educado" e produtivo o ser humano seria. Os meios definiam os fins. Por isso, a *educação permanente* respondia à necessidade do capital, cada vez mais cioso da necessidade de lucros, de acumulação. Mais adiante, o movimento político do mundo deu lugar a pensar a educação, retornando à Declaração de Direitos Humanos, como direito humano, antes de ser pensado como direito social, referente a contratos estabelecidos nas sociedades modernas. A educação deixava de ser *para* alguma coisa, para ser educação como *direito* e ponto! Livre de adjetivações ou de complementos, a luta e a centralidade agora se punham na preservação da garantia desse direito, interditado a tantos na forma como a sociedade a concebera – a escola. Mas escola como instituição insuficiente para um mundo em complexas e rápidas transformações, exigente, a cada dia, de homens e mulheres que se reinventassem e a seus saberes – em obsolescência cotidiana. Assim, a educação não podia ser propriedade da vertente escolar, mas se fazer *continuadamente*, sem tempo para terminar: trata-se, pois, da *educação continuada* na perspectiva do direito, e não mais como parte de uma engrenagem que serve ao capital, aos lucros. Aí está, para mim, a questão que surge de mais um rodopio: *educação continuada* pode ser tratada como sinônimo de *educação permanente?* Se os referenciais históricos, econômicos e políticos que as regem são radicalmente diversos, como transformar práticas que nem sempre nos convencem desta (transparente) diferença de concepções?

3º movimento do *parangolé*

Um volteio a mais do *parangolé* esbarra em questão polêmica, traduzida pela afirmativa de que são tantos os jovens na EJA que seria preciso regular-lhes o acesso, demarcando idades de ingresso para que eles não estejam lá onde supostamente estão, criando novos desafios a seus professores. A essa ideia, imediatamente, ao girar, faz aparecer o fato de que se vão para a EJA, por terem se evadido da escola básica (em que deveriam estar?) e, quem sabe, logo, logo, estaremos repetindo a cantilena de que também de lá se evadiram. Mas... e os que ficam? Por que ficam? O que faz com que permaneçam? A inflexão para mirar a realidade, por parte de alguns pesquisadores, tem trazido como contribuição o objeto conceitual *permanência* como ponto de partida das investigações, alterando – para melhor – o rumo do que tantos trabalhos de pesquisa já confirmaram: eles saem, vão-se embora, *evadem-se.* Com isso, afirma-se que a responsabilidade é exclusivamente deles, dos que se vão. Mas por que se vão continuava a ser o grande mistério, apenas traduzido por muitos lugares-comuns que não ajudam a compreender um movimento de crítica de quem sai, e de aceitação de quem fica. Pode-se assegurar, entretanto, com base em dados de pesquisas localizadas em cidades grandes, com representação amostral significativa do universo, ou em dados do Inep e do IBGE, que os jovens da EJA não assombram, numericamente falando. Estão lá, mas longe de serem maioria, ou metade, ou qualquer valor acima. Conformam um grupo pequeno, restrito (talvez mais concentrado em algumas regiões, tipos de cidades, talvez...). Como dar a voz a esses jovens para que, em primeiro lugar, digam por que saíram da escola básica em que deveriam estar; em segundo lugar, para que anunciem que escola precisam/querem ter, para que aprendam o que gostariam?

4º movimento do *parangolé*

Esse é um movimento que ainda assusta educadores/professores, escolas, sistemas: a tecnologia e seus usos na EJA. Jovens e adultos, na vida cotidiana, do mesmo modo que crianças, estão mergulhados em diversos dispositivos tecnológicos de que fazem uso com maior ou menor desembaraço, porém todos ligados, plugados a muitas redes sociais que na atualidade inundam nossos cotidianos. Os espaços de comunicação escrita e de leitura com o qual convivem são diversos dos escolares, porque utilizando novos suportes e linguagens dos quais a escola nem sempre se aproxima. Negar esses suportes de escrita e de leitura – laptops, tablets, aparelhos móveis como celulares e seus congêneres – não ajuda a aproximar jovens, adultos e até mesmo idosos da volta à escola, para que cumpram etapas de um direito negado ou não garantido com sucesso. Ainda que a escola disponha de laboratórios de informática e de acesso à rede web, a introdução desses dispositivos no currículo é extremamente tímida ou inexistente, pela alegação de que não há profissional disponível para ministrar aulas. O giro epistemológico que o *parangolé* oferece, nesse caso, implica aproveitar a competência dos estudantes (principalmente jovens) com a tecnologia, para inverter relações de ensino-aprendizagem: eles passam a ser mediadores, oferecendo e se exercitando no ofício de ensinar, aprendendo a ser professor, e descobrindo os mistérios da atividade de mediação pedagógica com o conhecimento. Como, então, fazer com que professores desloquem-se da posição de quem "mais sabe" para a de aprendente, não só contribuindo com a experiência de ensino dos estudantes, mas se autoformando no mesmo processo em que estudantes são, agora, protagonistas, diante de novos objetos de conhecimento tecnológico?

5º movimento do *parangolé*

O movimento anterior impõe a reflexão em duas óticas que não se dissociam: a primeira, a que questiona os currículos praticados em muitos casos na EJA, mais ligados aos "modelos" da escola de crianças do que aos princípios da Educação de Jovens e Adultos, com toda a liberdade de adequação do currículo a necessidades e características dos estudantes, posta no arcabouço legal. Os currículos que se praticam, portanto, podem ser alterados, especialmente se se tomar em conta que *estudantes*, ao chegarem nessa condição à escola, são antes de tudo trabalhadores e trabalhadoras de múltiplas ocupações sociais; pais e mães de família; maridos e esposas; avôs e avós; namorados e namoradas; filhos e filhas, homens e mulheres etc. A condição de *estudante* não pode – nem deve – reduzir o que são a uma uniformidade de sujeito que conhecemos como *aluno/aluna*. É pouco, muito pouco, pensá-los dessa maneira, porque deixamos de fora a maior riqueza que trazem como bagagem para a continuidade de seus processos de aprendizagem: as experiências de vida; a diversidade que os constitui; as soluções e êxitos obtidos na vida; fracassos também, mas, sobretudo, esperanças renovadas a cada dia, para alcançarem sonhos e desejos projetados, dos quais não desistirão jamais, e que inclui a escola. Por esse reconhecimento de quem são os sujeitos, os currículos e os projetos pedagógicos poderão oferecer, como preceituado no art. 37, § 1º da Lei de Diretrizes e Bases da Educação Nacional (LDBEN 9.394/1996), "oportunidades educacionais apropriadas, consideradas as características do alunado, seus interesses, condições de vida e de trabalho". Ou seja, como experiências pedagógicas diferenciadas podem garantir o objetivo e as finalidades da educação – *sucesso* dos estudantes?

6º movimento do *parangolé*

O movimento final que minha capa de *parangolé* fará neste texto problematiza a *formação docente*, pelo modo como se imbrica com todos os demais rodopios que permitiram vislumbrar, de vários ângulos, a complexidade da Educação de Jovens e Adultos, segundo concepções epistemológicas e conceituais que orientam os pensares/fazeres da EJA no campo da investigação e da teorização. Um profissional da educação professor é, sem dúvida, um *jovem*, um *adulto* ou um *idoso* em processo continuado de aprender – um aprendente por toda a vida. Para ele, princípios e fundamentos da EJA também se aplicam e, como tal, são constitutivos do direito a se (auto)formar continuadamente, portanto. Requerer formação continuada como direito ainda tem estado distante das pautas de professores em movimentos reivindicatórios, e até, em muitos casos, as ofertas poucas a eles oferecidas não sofrem quase disputa; não são, muitas vezes, bem-vindas; mas um peso a mais, diante das cargas e sobrecargas em que se tornou a atividade do magistério. Professores que se ocupam de várias escolas, turnos, locais e modalidades de ensino, tentando garantir uma ocupação profissional com remuneração digna. A roda-viva na qual estão inseridos faz rejeitar tempos integrais em uma única escola, não apenas pelos temores de maiores encolhimentos do valor da hora produtiva, como também pelo risco de que este tempo integral mantenha-se apenas como tempo de aula. Não tem havido garantia de que a composição do tempo integral assegure um mínimo de atividade de ensino associada à de planejamento/avaliação, à de estudo e desenvolvimento de projetos. Como fazer chegar a professores o desafio deste último volteio, que inclui enfrentá-los em suas razões – não poucas e em maioria legítimas –, mas também convencê-los de que só será possível mudar relações de trabalho nas escolas, desempenho pedagógico quase mecanizado a que se chegou, e desempenho acadêmico de alunos (questionado a todo momento), se o direito ao aprender por toda a vida se estender como benefício – e não fardo – a cada professor?

Talvez, quem sabe, se conseguirmos que cada professor sob o manto de um *parangolé* invisível, mas sinergicamente ligado ao direito de todos à educação, invista sua capacidade criativa e criadora na escola de jovens e adultos, possa-se fazer uma nova aposta na EJA: a de que pode e será reinventada, reunindo em uma dança coletiva, alegre e colorida, as muitas invenções individuais, que inclui todos os sujeitos – estudantes e seus professores – como aprendentes por toda a vida.

1
As políticas de Educação de Jovens e Adultos no século XXI: diretrizes dos documentos demarcatórios em curso

IVANILDE APOLUCENO DE OLIVEIRA
Universidade do Estado do Pará (Uepa)

Introdução

As políticas de Educação de Jovens e Adultos vêm sendo construídas desde o século passado e são fundamentadas em documentos que estabelecem princípios e diretrizes para o desenvolvimento dessa educação nos sistemas de ensino, como a Constituição Federal de 1988, que expressa ser dever do Estado a garantia do Ensino Fundamental, obrigatório e gratuito, inclusive para os que a ele não tiverem acesso na idade própria (art. 208) e a Lei 9.394/1996 – Lei de Diretrizes e Bases da Educação Nacional, que estabelece a obrigatoriedade e gratuidade do Ensino Fundamental e a progressiva extensão da obrigatoriedade e gratuidade ao Ensino Médio (art. 4º), entre outros.

É importante que se destaque, nesse contexto de mudanças nas políticas da Educação de Jovens e Adultos, as Conferências Internacionais de Educação de Adultos, como a Confintea VI, realizada no Brasil, na cidade de Belém do Pará, em dezembro de 2009, e documentos internacionais, entre os quais a Declaração Universal dos Direitos Humanos (1948) e a Declaração Mundial sobre Educação Para Todos (1990). Neste texto, objetivo analisar os princípios e as diretrizes das políticas de Educação de Jovens e Adultos, identificando os seus avanços e desafios no contexto educacional brasileiro. Apresento, em torno das políticas da Educação de Jovens e Adultos, inicialmente os princípios e as concepções educacionais e em seguida as diretrizes pedagógicas.

Educação de Jovens e Adultos: princípios e concepções

A Educação de Jovens e Adultos é um direito público subjetivo

As Diretrizes Curriculares da Educação de Jovens e Adultos (2000) apresentam a Educação de Jovens e Adultos como um *direito público subjetivo*:

> aquele pelo qual o titular de um direito pode exigir imediatamente o cumprimento de um dever e de uma obrigação. Trata-se de um direito positivado, constitucionalizado e dotado de efetividade. O titular deste direito é de qualquer faixa etária que não tenha tido acesso à escolaridade obrigatória. Por isso é um direito subjetivo, ou seja, ser titular de alguma prerrogativa é algo que é próprio deste indivíduo. O sujeito deste dever é o Estado no nível em que estiver situada esta etapa de escolaridade. Por isso se chama direito público pois, no caso, trata-se de uma regra jurídica que regula a competência, as obrigações e os interesses fundamentais dos poderes públicos, explicitando a extensão do gozo que os cidadãos possuem quanto aos serviços públicos (Parecer CEB 11/2000. In: SOARES, 2002, p. 60).

Isso significa que qualquer cidadão, associação comunitária, entidade de classe ou outra legalmente constituída, e, ainda, o Ministério Público, podem acionar o poder público para exigir o direito à educação (art. 5º da LDB/1996).

As Diretrizes Curriculares da Educação de Jovens e Adultos estabelecem a educação como direito, tendo como referência o acesso à educação escolar pela universalização dos ensinos Fundamental e Médio, considerando o acesso à leitura e à escrita um bem social.

A EJA, como direito, reafirma o estabelecido na Declaração Universal dos Direitos Humanos (1948), de que a educação é um direito fundamental da pessoa, do cidadão, sendo necessária a oferta de condições para que esses direitos sejam, de fato, exercidos, bem como pressupõe "em sua práxis que o trabalho realizado garanta acesso, elaboração e reconstrução de saberes que contribuam para a humanização e emancipação do ser humano" (BRASIL, 2009, p. 28).

A Educação de Jovens e Adultos ao tornar-se um direito substitui a ideia de *suprimento* e *compensação* da escolaridade perdida, pela *reparação* e *equidade*, apresentando novas funções:

> *reparadora* – reconhecimento da igualdade humana de direitos e o acesso aos direitos civis, pela restauração de um direito negado; *equalizadora* – proporcionar igualdade de oportunidades de acesso e permanência na escola e *qualificadora* – viabilizar a atualização permanente de conhecimentos e aprendizagens contínuas (SOARES, 2002, p. 13).

Nessa perspectiva, amplia-se a obrigatoriedade do direito à educação aos jovens e adultos. A LDB/1996 estabelece que "os sistemas de ensino assegurarão gratuitamente aos jovens e adultos, que não puderam efetuar os estudos na idade regular, oportunidades educacionais apropriadas [...]" (art. 37, § 1º). Essas oportunidades se viabilizam pela oferta de escolarização mediante cursos regulares presenciais, a distância e de exames supletivos. Nesse contexto, o direito à alfabetização faz parte inerente ao direito à educação.

> A alfabetização é um pilar indispensável que permite que jovens e adultos participem de oportunidades de aprendizagem em todas as fases do *continuum* da aprendizagem. O direito à alfabetização é parte inerente do direito à educação. É um pré-requisito para o desenvolvimento do empoderamento pessoal, social, econômico e político. A alfabetização é um instrumen-

to essencial de construção de capacidades nas pessoas para que possam enfrentar os desafios e as complexidades da vida, da cultura, da economia e da sociedade (UNESCO, 2010, p. 07).

No documento Marco de Ação de Belém (2010), resultante da Confintea VI, há o reconhecimento de que a alfabetização de jovens e adultos é um desafio ainda a ser enfrentado, face aos limites encontrados pelos sistemas de ensino para reduzir os níveis de analfabetismo no mundo. É preciso considerar-se no debate sobre o direito à educação que "o problema dos direitos é, sobretudo, político" (PAIVA, 2009, p. 650), constituindo-se em um campo de luta, de disputa de hegemonia e de forças políticas.

Princípios da equidade, diversidade, inclusão e qualidade social

As políticas da EJA apresentam como princípios norteadores; a *equidade*, a *diversidade*, a *inclusão* e a *qualidade social*, que dimensionam uma educação que possibilite a superação das desigualdades sociais, o respeito às diferenças etárias, de gênero, étnico-raciais, de necessidades especiais, entre outras, bem como a inclusão educacional e social da população de jovens e adultos. A **equidade** é compreendida como:

> forma pela qual se distribuem os bens sociais de modo a garantir uma redistribuição e alocação em vista de mais igualdade, consideradas as situações específicas [...]. Neste sentido, os desfavorecidos frente ao acesso e permanência na escola devem receber proporcionalmente maiores oportunidades que os outros (Parecer CEB 11/2000. In: SOARES, 2002, p. 39).

O documento nacional preparatório à VI Confintea (BRASIL, 2009) destaca na EJA o conjunto amplo e heterogêneo de sujeitos, que envolve uma multiplicidade de situações existenciais, sociais, econômicas e culturais, sendo necessário na prática educativa se trabalhar *para, com* e *na* **diversidade**.

A *diversidade* é constituída das diferenças que distinguem os sujeitos uns dos outros – mulheres, homens, crianças, adolescentes, jovens, adultos, idosos, pessoas com necessidades especiais, indígenas, afro-descendentes, descendentes de portugueses e de outros europeus, de asiáticos, de latino-americanos, entre outros. A diversidade que constitui a sociedade brasileira abrange jeitos de ser, viver, pensar e agir que se enfrentam. Entre tensões, entre modos distintos de construir identidades sociais e étnico-raciais e cidadania, os sujeitos da *diversidade* tentam dialogar entre si, ou pelo menos buscam negociar, a partir de suas diferenças, propostas políticas que incluam a todos nas suas especificidades sem, contudo, comprometer a coesão nacional, tampouco concepções e propostas de EJA voltadas à formação humana que passam a entender quem são esses sujeitos e que processos político-pedagógicos deverão ser desenvolvidos para dar conta de suas necessidades, desejos, resistências e utopias (BRASIL, 2009, p. 28).

A **educação inclusiva**, presente na política de educação especial e expressa em documentos internacionais como a Declaração de Salamanca (1994), é mencionada no documento nacional preparatório à VI Confintea (2009) como um paradigma educacional que "confronta práticas discriminatórias e pressupõe a transformação dos sistemas de ensino, a fim de assegurar o exercício do direito à educação, à eliminação de barreiras atitudinais, físicas, pedagógicas e nas comunicações", visando que todos os educandos tenham acesso à escolarização, à formação para o mundo do trabalho e à participação social.

Ainda, nesse documento, em relação aos educandos da EJA com necessidades educacionais, é reconhecido o direito ao atendimento educacional especializado e a promoção à acessibilidade; quanto aos povos indígenas e quilombolas, reconhecem-se seus territórios, especificidades étnicas e socioculturais e educação intercultural; aos adolescentes a partir de 15 anos, cumprindo medidas socioeducativas, bem como aos jovens e adultos em privação de liberdade, são reconhecidos os seus direitos à educação para a inclusão social.

Nesse contexto, ampliam-se as discussões da EJA para temáticas da juventude, do adulto, do idoso, em suas especificidades, bem como para problemáticas das relações de gênero, étnico-raciais, entre outras, da cidade e do campo, apontando nas políticas de Educação de Jovens e Adultos a necessidade de interação com outras políticas públicas: trabalho, saúde, segurança pública, cultura, entre outras.

Assim, o documento nacional preparatório à VI Confintea avança na discussão dos sujeitos da EJA, superando a concepção presente no Parecer CEB 11/2000, de que o adulto inclui o idoso, não considerando as especificidades de cada faixa etária.

A Conferência Nacional de Educação Básica, realizada em 2008, menciona que as políticas da EJA devem estar pautadas pela inclusão e qualidade social. A **qualidade social** da educação está associada às mobilizações pelo direito à educação, à exigência de participação e de democratização e comprometida com a superação das desigualdades e injustiças.

> A educação de qualidade, como um direito fundamental, deve ser antes de tudo relevante, pertinente e equitativa. A relevância reporta-se à promoção de aprendizagens significativas do ponto de vista das exigências sociais e de desenvolvimento pessoal. A pertinência refere-se à possibilidade de atender às necessidades e às características dos estudantes de diversos contextos sociais e culturais e com diferentes capacidades e interesses. E a equidade, à necessidade de tratar de forma diferenciada o que se apresenta como desigual no ponto de partida, com vistas a obter aprendizagens e desenvolvimento equiparáveis, assegurando a todos a igualdade de direito à educação (UNESCO, 2007 apud BRASIL, 2010a, p. 5).

O documento Marco de Ação de Belém (2010) define a qualidade na aprendizagem e na educação, como "um conceito e uma prática holística, multidimensional e que exige atenção constante e contínuo desenvolvimento" (p. 12). Destaca que a promoção de uma cultura de qualidade exige "conteúdos e meios de implantação relevantes, avaliação de necessidades centrada no educando, aquisição de múltiplas competências e conhecimentos, profissionalização dos educadores, enriquecimento dos ambientes de aprendizagens e empoderamento de indivíduos e comunidades" (p. 12).

Assim, a educação de qualidade para todos está intimamente relacionada ao processo de inclusão escolar e à redução da pobreza, na perspectiva de dirimir as desigualdades historicamente produzidas, assegurando o ingresso, a permanência e o sucesso de todos na escola.

A política de Educação de Jovens e Adultos, pelo fato de focalizar o olhar para a educação como direito em relação ao acesso à escolarização básica, apresenta alguns avanços como a superação da visão de ensino supletivo para uma Educação de Jovens e Adultos equalizadora, incluindo a preocupação com a qualidade social da educação e o processo de inclusão escolar.

Entretanto, esse trabalho de inclusão social é um dos desafios que a EJA tem de enfrentar no século XXI, porque perpassa por mudanças tanto estruturais nos sistemas educacionais quanto atitudinais de superação de práticas de discriminações, por envolver diversos segmentos excluídos socialmente.

Mudança conceitual: de supletivo para Educação de Jovens e Adultos

É importante destacar nas políticas de Educação de Jovens e Adultos a mudança conceitual de *Ensino Supletivo* para *Educação de Jovens e Adultos*, que abrange diversos processos de formação (LDB/1996, art. 37 e 38) e a educação profissional de nível técnico que pode ser efetivada de modo concomitante ou sequencial ou integrado.

Essa mudança amplia a compreensão dessa educação superando o olhar de suprimento e de compensação para o processo educacional da EJA como um todo, que envolve não apenas o direito de acesso à escolarização, mas também o de aprender, em diversas situações formais e informais de aprendizagem.

A EJA em sua concepção ampliada:

> entende educação pública e gratuita como direito universal de aprender, de ampliar e partilhar conhecimentos e saberes acumulados ao longo da vida, e não apenas de se escolarizar. Em outras palavras, os educandos passam a maior parte de suas vidas na condição de aprendizes e, portanto, muitas são as situações de aprendizado que vivenciam em seus percursos formativos (BRASIL, 2009, p. 27).

O documento Marco de Ação de Belém (2010) reitera a definição de educação de adultos estabelecida na Recomendação sobre o Desenvolvimento da Educação de Adultos de Nairóbi (1976) e aprofundada na Declaração de Hamburgo (1997) que engloba:

> todo processo de aprendizagem, formal ou informal, em que pessoas consideradas adultas pela sociedade desenvolvem suas capacidades, enriquecem seu conhecimento e aperfeiçoam suas qualificações técnicas e profissionais, ou as redirecionam, para atender suas necessidades e as de sua sociedade (UNESCO, 2010, p. 5).

A Educação de Jovens e Adultos, nessa perspectiva, pressupõe a valorização das práticas não escolares e a articulação entre os sistemas oficiais de ensino e as instituições da sociedade civil que ofertam essa modalidade de ensino.

As relações entre Estado e sociedade civil no campo da Educação de Jovens e Adultos historicamente vêm se apresentando como conflituosas. Brandão (1986) chama atenção para a visão simplista em torno da denominação atribuída à educação de adultos ou educação oficial, como iniciativa do Estado, e a educação popular ou educação alternativa, como uma prática da sociedade civil, destacando que a principal diferença está no projeto pedagógico de transformação social.

Dessa forma, os programas educativos se diferenciam pelas propostas pedagógicas construídas que podem estar pautadas em práticas democráticas ou de domesticação, de formação para a cidadania ou para o mercado de trabalho. Isso significa que a Educação de Jovens e Adultos pode ser desenvolvida por diversas agências do Estado e da sociedade civil, devendo-se considerar como essencial o projeto político implícito em suas ações.

Na visão de Freire (1995, p. 53), "só numa compreensão dialética da relação escola-sociedade é possível não só entender, mas trabalhar o papel fundamental da escola na transformação da sociedade". Isso significa que as redes públicas de ensino precisam pautar suas ações educacionais em uma visão dialética de mundo, de educação e de relação entre a escola e a sociedade.

As práticas não escolares com pessoas jovens e adultas, então, precisam ser vistas como ações educativas formadoras tanto dos educandos quanto dos educadores; uma pedagogia social, comprometida politicamente com as classes populares e que exercem um papel fundamental na sociedade, no processo de formação para a cidadania e de inclusão social.

A articulação entre os sistemas de ensino e a sociedade civil envolve uma questão fundamental da EJA, a inserção dos jovens, adultos e idosos alfabetizados pelos segmentos da sociedade civil na rede pública de ensino.

O documento nacional preparatório à VI Confintea (2009, p. 46) recomenda às políticas públicas: "considerar experiências acumuladas pelos movimentos sociais, Organizações Não Governamentais e instituições do terceiro setor na construção das políticas da EJA" e ainda "construir políticas públicas de Estado articuladas e de qualidade para jovens e adultos, reconhecendo a intersetorialidade nos avanços da EJA e priorizando questões como a relação entre a EJA e o trabalho, a saúde, o meio ambiente, a cultura e a comunicação, considerando as necessidades das diferentes faixas etárias".

Educação ao longo da vida

No decorrer das Conferências Internacionais de Educação de Jovens e Adultos o conceito de *educação como aprendizagem ao longo da vida* vem sendo consolidado, assim como o *direito de aprender*, visto como "indispensável à própria sobrevivência da humanidade" (VIEIRA, 2008, p. 17).

A Declaração de Hamburgo (1997), em seu art. II, destaca que "a educação ao longo da vida implica repensar o conteúdo que reflita certos fatores como idade, igualdade entre os sexos, necessidades especiais, idioma, cultura e disparidades econômicas", tornando-se fundamental para o exercício da cidadania e para o processo de inclusão social.

No documento Marco de Ação de Belém (2010) a *aprendizagem ao longo da vida* é considerada uma filosofia, um marco conceitual e um princípio organizador fundamental para resolver questões globais e desafios educacionais, entre os quais, da Educação de Jovens e Adultos.

> Aprendizagem ao longo da vida, "do berço ao túmulo", é uma filosofia, um marco conceitual e um princípio organizador de todas as formas de educação, baseada em valores inclusivos, emancipatórios, humanistas e democráticos, sendo abrangente e parte integrante da visão de uma sociedade do conhecimento. Reafirmamos os quatro pilares da aprendizagem, como recomendado pela Comissão Internacional sobre Educação para o Século XXI, quais sejam: aprender a conhecer,

aprender a fazer, aprender a ser e aprender a conviver com os outros (UNESCO, 2010, p. 06).

Esse documento traz a *aprendizagem ao longo da vida* como uma filosofia que deve nortear todas as formas de educação, reconhecendo que as pessoas aprendem em todo o seu processo de existir no mundo, mas destaca que a aprendizagem e a Educação de Jovens e Adultos, como componentes dessa aprendizagem ao longo da vida, envolvem "um *continuum* que passa da aprendizagem formal para a não formal e para a informal" (p. 6); atendem às necessidades de aprendizagem de adultos e idosos e abrangem um vasto leque de conteúdos, sendo fundamentais para o alcance da equidade e da inclusão social.

Entretanto, a *educação ao longo da vida* vem sendo mencionada em alguns documentos, não em uma perspectiva abrangente que envolve a interação entre a aprendizagem formal, não formal e informal. O olhar é para as etapas da escolarização iniciada pela alfabetização.

A Conferência Nacional de Educação Básica, realizada em 2008, destacou a necessidade de consolidação de uma política de Educação de Jovens e Adultos concretizada na garantia da alfabetização e das demais etapas de escolarização *ao longo da vida* (BRASIL, 2010b).

No Plano Nacional de Educação em Direitos Humanos (Pnedh), de 2003, a educação básica é mencionada como um primeiro momento do processo educativo *ao longo de toda a vida*, constituindo-se em um direito social inalienável da pessoa humana e dos grupos socioculturais, entre os quais os jovens e adultos.

No Plano Nacional de Educação (2001) a concepção de *educação ao longo da vida* se apresenta como necessária face às transformações que vêm ocorrendo no mundo em decorrência do avanço científico e tecnológico e do fenômeno da globalização e que trazem implicações para o mundo do trabalho, aos valores culturais, às relações sociais e educacionais. A *educação ao longo da vida* iniciada no processo de alfabetização deve garantir a jovens e adultos a formação equivalente a todas as séries do Ensino Fundamental, bem como a possibilidade de complementarem o Ensino Fundamental pelo acesso ao Ensino Médio.

O documento nacional preparatório à VI Confintea (2009) recomenda às políticas públicas: "propor políticas de acesso e permanência a educandos da EJA nos ensinos Fundamental e Médio, assim como acesso à universidade pública e gratuita" (p. 46).

Educação permanente

As políticas de Educação de Jovens e Adultos, além de focarem a *aprendizagem ao longo da vida*, apresentam, também, como concepção, a *educação permanente* voltada ao pleno desenvolvimento dos educandos.

> A superação da discriminação de idade diante dos itinerários escolares é uma possibilidade para que a EJA mostre plenamente seu potencial de educação permanente relativa ao desenvolvimento da pessoa humana face à ética, à estética, à constituição de identidade, de si e do outro e ao direito ao saber (Parecer CEB 11/2000. In: SOARES, 2002, p. 131).

Educação permanente compreendida como:

> uma educação que considere as necessidades e incentive as potencialidades dos educandos; promova a autonomia dos jovens e adultos, para que sejam sujeitos da aprendizagem; esteja vinculada ao mundo do trabalho e às práticas sociais; possua projeto pedagógico com flexibilidade curricular e os seus conteúdos curriculares devem estar pautados em 3 princípios: contextualização, reconhecimento de identidades pessoais e das diversidades coletivas (Parecer CEB 11/2000. In: SOARES, 2002).

A diversidade coletiva pressupõe considerar-se "as desigualdades nos pontos de partida de seu alunado, que requerem diferenças de tratamento como forma mais eficaz de garantir a todos um patamar comum nos pontos de chegada" (Parecer CEB 11/2000. In: SOARES, 2002, p. 122).

Por meio da concepção de educação permanente aparece a preocupação com a valorização da experiência extraescolar, validando-se os saberes dos jovens e adultos aprendidos fora da escola e admitindo-se formas de aproveitamento e de progressão nos estudos mediante verificação da aprendizagem (LDB/1996, art. 3º).

Entretanto, apesar de referir-se ao mundo do trabalho e às práticas sociais, o conceito de educação permanente apresentado nas Diretrizes Curriculares tem como foco as potencialidades e o desenvolvimento dos indivíduos, que se processa ao longo da vida.

Para Gadotti (1981), a educação permanente visa à "formação total do homem", ou seja, é uma educação "refletida e integrada no seu todo [...] em direção a um projeto global de educação [...] em um sistema de educação permanente", pressupondo, também, relações com o outro (p. 68, 69, 66 e 168). A educação permanente significa que não terminamos jamais de nos tornar homens e que não terminamos jamais de ser, de nos tornar juntos, a caminho, ao longo das relações com o outro (GADOTTI, 1981, p. 168).

Para Freire (1993), a educação permanente apresenta uma dimensão humanista, vinculada à consciência do ser humano sobre a sua finitude e sobre sua possibilidade de *ser mais,* cuja formação se processa em relação dialógica com o outro:

> na razão, de um lado, da finitude do ser humano, de outro, da consciência que ele tem de sua finitude. Mais ainda, pelo fato de, ao longo da história, ter incorporado à sua natureza 'não apenas *saber que vivia,* mas saber *que sabia* e, assim, saber que podia saber mais'. A educação e a formação permanente se fundam aí (p. 20).

Nesse sentido, as políticas de Educação de Jovens e Adultos precisam avançar nas discussões em torno de sua concepção de educação permanente, em diálogo com a educação popular.

Educação de Jovens e Adultos: diretrizes pedagógicas

Política de certificação

Jovens, adultos e idosos têm acesso à certificação por meio de exames supletivos estaduais ou municipais ou por adesão ao Exame Nacional de Certificação por Competência da Educação de Jovens e Adultos (Encceja).

> A certificação, no caso da educação escolar da educação básica, representa a expedição autorizada de um documento oficial, no qual se comprova a terminalidade do Ensino Fundamental ou do Ensino Médio, como uma das formas de avaliação de saberes, que, quando obediente à legislação educacional pertinente, possui validade nacional (BRASIL, 2010b, p. 28).

Essa política de certificação é criticada pelo fato da produção do conhecimento não ser avaliada no processo de aprendizagem, não sendo valorizada a aprendizagem construída no coletivo e que dá sentido ao que foi produzido na escola (UNESCO, 2010, p. 40).

No Parecer CNE/CEB 6/2010 consta que nas audiências públicas realizadas pela Câmara de Educação Básica indicam "a inadequação do Encceja como mecanismo para a certificação na EJA, por o considerarem um tipo de certificação que não leva em conta as especificidades, além de ter um alto custo" (p. 28).

Nesse parecer, destacou-se na discussão entre os participantes da audiência pública sobre os exames supletivos que: "tais exames supletivos devem progressivamente ser incluídos em um quadro de extinção" (p. 15), considerando-se a necessidade de acelerar-se a universalização da educação básica na idade própria. E ainda: "a obrigatoriedade do Ensino Médio de 15 a 17 anos muito cooperaria para o fim progressivo dos exames supletivos" (p. 15).

O documento nacional preparatório à VI Confintea (2009) recomenda às políticas públicas: "suprimir a oferta do Exame Nacional de Certificação por Competência da Educação de Jovens e Adultos (Encceja), uma vez que este não atende as especificidades da EJA no Brasil" (p. 46). Entretanto, o Plano Nacional de Educação (2011) prevê na estratégia 8.3: "garantir acesso gratuito a exames de certificação da conclusão dos ensinos Fundamental e Médio", e na 9.3: "promover o acesso ao Ensino Fundamental aos egressos de programas de alfabetização e garantir o acesso a exames de reclassificação e de certificação da aprendizagem".

Idade legal: o problema da juvenilização

Nas políticas da EJA os cursos presenciais e a distância podem ser ofertados e os exames realizados por instituições de ensino públicas ou privadas credenciadas, sendo exigida dos jovens e adultos uma idade legal: maiores de 15 anos para conclusão do Ensino Fundamental e maiores de 18 anos para conclusão do Ensino Médio (BRASIL, 2010b).

O Parecer CNE/CEB 6/2010 traz para debate a questão da juvenilização da EJA, que consiste no processo de migração de jovens entre 15 e 18 anos que não encontram acolhimento junto aos estabelecimentos do ensino sequencial regular da idade própria e buscam a EJA, sem que outras oportunidades lhes sejam propiciadas. Essa situação de orfandade dos jovens dessa faixa etária é vista por alguns educadores como uma *espécie de não lugar (atopia)*. Questiona-se, também, a inexistência de políticas públicas e propostas pedagógicas adequadas para atender aos adolescentes dessa faixa etária.

O Parecer CNE/CEB 6/2010 define que a idade mínima para os cursos de EJA deve ser a de 15 anos completos para o Ensino Fundamental e de 18 anos completos para o Ensino Médio, tornando-se indispensável:

1) Fazer a chamada de EJA no Ensino Fundamental tal como se faz a chamada das pessoas com idade estabelecida para o Ensino Regular.

2) Considerar as especificidades e as diversidades, tais como a população do campo, indígenas, quilombolas, ribeirinhos, pessoas privadas de liberdade ou hospitalizadas, dentre outros, dando-lhes atendimento apropriado.

3) Incentivar e apoiar os sistemas de ensino no sentido do estabelecimento de política própria para o atendimento dos estudantes adolescentes de 15 (quinze) a 17 (dezessete) anos nas escolas de ensino sequencial regular, na Educação de Jovens e Adultos, assim como em cursos de formação profissional, garantindo a utilização de mecanismos específicos para esse tipo de alunado que proporcione oferta de oportunidades educacionais apropriadas, tal como prevê o art. 37 da LDB, inclusive com programas de aceleração da aprendizagem, quando necessário.

4) Incentivar a oferta de EJA em todos os turnos escolares: matutino, vespertino e noturno, com avaliação em processo (BRASIL, 2010b, p. 27-28).

A referência, então, é o direito à educação, centralizado no fator idade, que historicamente vem assinalando os "direitos e deveres e modos de transposição das leis" (Parecer CEB 11/2000. In: SOARES, 2002, p. 120), apesar de considerar as especificidades e as diversidades da população da EJA.

Perfil dos educandos da EJA

As Diretrizes Curriculares (2000) apresentam dois perfis de alunos da Educação de Jovens e Adultos: os vinculados às classes populares e os pertencentes a estratos sociais financeiramente privilegiados:

[...] são jovens e adultos, muitos deles trabalhadores, maduros, com larga experiência profissional ou com expectativa de (re)inserção no mercado de trabalho e com um olhar diferenciado sobre as coisas da existência, que não tiveram diante de si [...]. Para eles, foi a ausência de uma escola ou a evasão da mesma que os dirigiu para um retorno nem sempre tardio à busca do direito ao saber. Outros são jovens provindos de estratos privilegiados e que, mesmo tendo condições financeiras, não lograram sucesso nos estudos, em geral por razões de caráter sociocultural (Parecer CEB 11/2000. In: SOARES, 2002, p. 77).

Entretanto, sem negar os direitos de todos à educação, as políticas da EJA precisam priorizar a superação da exclusão educacional de jovens, adultos e idosos pertencentes às classes populares, negados no seu direito constitucional de acesso ao sistema escolar. Exclusão relacionada ao quadro de desigualdade social e expressa em termos estatísticos pelo número de analfabetos no país. Segundo o IBGE (2009), a taxa de analfabetismo das pessoas de 15 anos, ou mais, de idade corresponde a 9,7% que, por sua vez, corresponde, em números absolutos, ao contingente de 14,1 milhões de pessoas analfabetas. Destas, 42,6% tinham mais de 60 anos, 52,2% residiam no Nordeste e 16,4% viviam com 1/2 salário mínimo de renda familiar *per capita*.

O documento Marco de Ação de Belém (2010) chama atenção para a necessidade de se reduzir os níveis de analfabetismo, concentrando ações de alfabetização em determinados segmentos sociais vulneráveis como as mulheres, povos indígenas, pessoas privadas de liberdade, educandos com necessidades educacionais especiais e populações rurais.

O documento nacional preparatório à VI Confintea (2009, p. 46) recomenda às políticas públicas: "reafirmar o direito ao acesso e permanência de educandos com necessidades educativas especiais com estrutura material, recursos didáticos, profissionais habilitados e segurança, para adequado atendimento às suas especificidades" e ainda "fomentar ações afirmativas de gênero e geração de trabalho que contribuam para a superação da desigualdade socioeconômica entre os educandos da EJA" e "estabelecer políticas públicas que atendam à necessidade educacional da diversidade dos sujeitos privados de liberdade e em conflito de lei".

Atender às especificidades da população da EJA em situação de exclusão social é um dos desafios para o século XXI.

Educação a distância

O Parecer CNE/CEB 6/2010 estabelece que a oferta da EJA por meio da Educação a Distância não seja efetivada no primeiro segmento do Ensino Fundamental e sim no segundo segmento do Ensino Fundamental e no Ensino Médio, sendo permitidas transferências entre os cursos presenciais e os mediados pela EAD. O processo educativo de EJA desenvolvido por meio da Educação a Distância deve ser "feito por professores licenciados na disciplina ou atividades específicas" (p. 30).

Além da estrutura tecnológica e de material, sendo fornecidos livros ao invés de módulos/apostilas, o Parecer CNE/CEB 6/2010 estabelece a criação de um sistema de avaliação da EJA, desenvolvida pela EAD, que possibilite a avaliação da aprendizagem dos educandos de forma contínua e processual, bem como a autoavaliação e a avaliação em grupos presenciais.

É preciso destacar-se que a questão da Educação de Jovens e Adultos a distância foi referido no Parecer CNE/CEB 6/2010, pelos participantes da audiência pública, como um tema recente nos meios educacionais e por isso pouco conhecido pelos educadores, tendo sido recomendado a realização de estudos sobre o tema, para uma maior compreensão sobre as possibilidades reais da EAD na Educação de Jovens e Adultos.

Organização de propostas pedagógicas experimentais

O Parecer CNE/CEB 6/2010 em termos de diretrizes pedagógicas prevê a possibilidade de:

organização de propostas experimentais para atendimento às demandas específicas de organização do trabalho pedagógico nas escolas e sistemas, especialmente para a população do campo, indígenas, quilombolas, ribeirinhos, pessoas privadas de liberdade ou hospitalizadas, dentre outros, devendo cada proposta experimental receber autorização do órgão do respectivo sistema (BRASIL, 2010b, p. 25).

As Diretrizes Curriculares estabelecem a necessidade de formulação de projetos pedagógicos próprios e específicos. Consideram importante na organização do projeto pedagógico das instituições o perfil e a situação real do aluno.

Aproveitamento de estudos e avaliação do rendimento escolar

O Parecer CNE/CEB 6/2010 prevê o "aproveitamento de estudos realizados antes do ingresso nos cursos de EJA" (p. 26) e define, em relação à avaliação do rendimento escolar, a observação dos seguintes critérios:

- Avaliação continua e cumulativa do desempenho do aluno, com prevalência dos aspectos qualitativos sobre os quantitativos e dos resultados ao longo do período sobre os de eventuais provas finais.
- Possibilidade de aceleração de estudos para alunos com atraso escolar.
- Possibilidade de avanço nos cursos e nas séries mediante verificação do aprendizado.
- Aproveitamento de estudos concluídos com êxito.
- Obrigatoriedade de estudos de recuperação, de preferência paralelos ao período letivo, para os casos de baixo rendimento escolar, a serem disciplinados pelas instituições de ensino em seus regimentos (BRASIL, 2010b, p. 26).

Há, nesse sentido, uma preocupação em flexibilizar o processo de escolarização de jovens, adultos e idosos, possibilitando aproveitamento de estudos, avanços nas séries, aceleração nos estudos, avaliação em processo, estudos de recuperação, visando a permanência no sistema e o prosseguimento dos estudos.

Esses fatores pedagógicos de fixação e de progressão dos educandos no sistema de ensino constituem um desafio para as políticas de EJA, considerando ser ainda significativa a evasão nas turmas da EJA nos cursos presenciais.

Política de programas

O ano de 1997 marca nas políticas de Educação de Jovens e Adultos um processo de transferência da obrigatoriedade desta educação da União para os estados e municípios, com o desenvolvimento de ações educativas, por meio de parcerias com Organizações Não Governamentais e a sociedade civil, sendo criados vários programas.

A diversificação de Programas de Educação de Jovens e Adultos está referida no Plano Nacional de Educação (2001), como necessária para atender à clientela heterogênea da EJA.

> Para atender a essa clientela, numerosa e heterogênea no que se refere a interesses e competências adquiridas na prática social, há que se diversificar os programas. Neste sentido, é fundamental a participação solidária de toda a comunidade, com o envolvimento das organizações da sociedade civil diretamente envolvidas na temática (BRASIL, 2001, p. 100).

O documento nacional preparatório à VI Confintea (2009) descreve os seguintes programas de Educação de Jovens e Adultos:

• *Programa Nacional de Educação na Reforma Agrária – Pronera (1998)* oferta alfabetização, educação básica e profissional, além da formação de professores nas regiões de acampamentos e assentamentos.

• O *Programa Alfabetização Solidária* – PAS (2007) executa um trabalho de alfabetização inicial, em conjunto com as empresas privadas, o MEC e as universidades.

• *Programa Recomeço – Supletivo de Qualidade* (2001). Programa de apoio a estados e municípios para a Educação Fundamental de Jovens e Adultos, por meio de apoio financeiro aos governos municipais e estaduais integrantes do Projeto Alvorada das regiões Norte e Nordeste e a outros municípios de estados situados em microrregiões com Índice de Desenvolvimento Humano menor ou igual a 0,500.

• *Programa Brasil Alfabetizado,* criado em 2003, com o objetivo de, por intermédio do FNDE, proporcionar assistência financeira às entidades federais, estaduais, municipais, privadas do Ensino Superior e organismos da sociedade civil a realizarem ações de alfabetização de jovens e adultos e a formação de alfabetizadores no sentido de possibilitar a inclusão social e combater as desigualdades educacionais.

• *Programa de Apoio aos Sistemas de Ensino para Atendimento à Educação de Jovens e Adultos – Fazendo Escola* (2004) reformula o Programa Recomeço com o objetivo de transferir recursos financeiros em caráter complementar para estados, Distrito Federal e Municípios visando ampliar a oferta de vagas a jovens e adultos do Ensino Fundamental.

• *Programa Política Nacional de Inclusão de Jovens – Projovem* (2005) reafirma a integração da educação básica com o profissional, focalizando o público entre 18 e 24 anos com baixa escolaridade e sem emprego formal.

• *Programa Saberes da Terra* (2005), que atualmente faz parte do Projovem *(Programa Projovem Campo – Saberes da Terra),* integra a formação em nível fundamental e qualificação profissional em agricultura familiar e sustentabilidade, atendendo a jovens e adultos que vivem em comunidades ribeirinhas, quilombolas, indígenas e assentamentos.

• *Programa Nacional de Integração da Educação Profissional com a Educação Básica na Modalidade de Educação de Jovens e Adultos (Proeja 2006),* que oferta a EJA na rede de escolas técnicas, incentiva as redes estaduais a ofertarem também, além de promover a formação de educadores e a pesquisa sobre o tema.

Apesar da abrangência socioeducacional desses programas, a política de ações por meio deles, na EJA, vem sendo questionada pela sua fragmentação e situação temporária.

O documento nacional preparatório da VI Confintea (2009, p. 46) recomenda às políticas públicas: "formular política pública de Estado para a Educação de Jovens e Adultos que supere a fragmentação de ações em programas e projetos, tomando como eixo integrador o trabalho, a ciência, a cultura e o sujeito na sua integralidade e responsabilizando os sistemas pela oferta de matrículas que integrem programas de alfabetização à continuidade de estudos de alunos até a conclusão da educação básica" e ainda "expandir a oferta da educação profissional integrada à educação básica por meio de política pública, e não em forma de programa que caracterize situação temporária".

O Plano Nacional de Educação (2011) apresenta proposta no sentido de atender as recomendações do Documento Preparatório à Confintea VI, quando define a estratégia (10.1) de: "manter programa nacional de Educação de Jovens e Adultos voltado à conclusão do Ensino Fundamental e à formação profissional inicial, de forma a estimular a conclusão da educação básica".

Concessão de incentivos financeiros

Através da Medida Provisória 173, de 16 de março de 2004, é instituído o Programa de Apoio aos Sistemas de Ensino para Atendimento à Educação de Jovens e Adultos, no âmbito do Ministério da Educação, objetivando ampliar a oferta de vagas na educação fundamental pública de jovens e adultos, em cursos presenciais com avaliação no processo, por meio de assistência financeira proporcionada pelo FNDE, em caráter suplementar, aos sistemas de ensino estaduais, municipais e do Distrito Federal.

O apoio financeiro pelo FNDE aos dois programas: Brasil Alfabetizado e Apoio aos Sistemas de Ensino, evidencia uma atenção necessária a essa modalidade de educação, buscando formas que ampliem o acesso e a continuidade da escolarização de jovens e adultos no espaço escolar e na sociedade civil, bem como à formação de alfabetizadores.

O Plano Nacional de Educação (2001, p. 100) destaca que "as experiências bem-sucedidas de concessão de incentivos financeiros, como bolsas de estudo, devem ser consideradas pelos sistemas de ensino responsáveis pela Educação de Jovens e adultos". E o Plano Nacional de Educação (2011) propõe na estratégia 10.7: "instrumentalizar programa nacional de assistência ao estudante, compreendendo ações de assistência social, financeira, de apoio psicopedagógico que contribuam para garantir o acesso, a permanência, a aprendizagem e a conclusão com êxito da educação de jovens e adultos integrada com a educação profissional".

Formação de professores

Em relação à formação do professor, as Diretrizes Curriculares apresentam alguns avanços quando estabelecem uma:

a) *Formação qualificada e contínua para o docente*, visando superar a prática leiga e voluntária na Educação de Jovens e Adultos. Propõem uma formação *geral* correspondente a todo e qualquer professor e uma formação *específica* direcionada à complexidade e características da educação de jovens e adultos, além do aperfeiçoamento profissional continuado.

b) *Formação docente associada à pesquisa.* Estabelecem que a formação docente de jovens e adultos pode ser ofertada em cursos superiores (universidades e institutos) normais médios presenciais e pela educação a distância utilizando recursos de comunicação tecnológica, entretanto, mencionam que as instituições formadoras, especialmente as universidades devem associar a pesquisa à docência, ressaltando a importância da universidade como *locus* de formação.

c) *Valorização da formação e da prática educativa de jovens e adultos no sistema educacional.* Evidenciam a necessidade de criar-se um espaço próprio para os profissionais da Educação de Jovens e Adultos nos sistemas, nas universidades e nas instituições formadoras.

O Plano Nacional de Educação (2001, p. 101) destaca a necessidade de formação permanente que pode ser efetivada de diversas formas: "organização de jornadas de trabalho compatíveis com o horário escolar; concessão de licenças para frequência em cursos de atualização; implantação de cursos de formação de jovens e adultos no próprio local de trabalho".

Apesar dos avanços em termos da formação de professores, constitui ainda um dos desafios para o século XXI, considerando a necessidade de diálogo entre as redes de ensino (executoras) e as universidades (formadoras), envolvendo o debate crítico sobre as diretrizes das políticas da Educação de Jovens e Adultos.

Considerações finais

As políticas de Educação de Jovens e Adultos apresentam alguns avanços em termos legais, nas mudanças conceituais e nos princípios educacionais, ampliando o olhar para a diversidade da população de jovens e adultos, bem como nas diretrizes pedagógicas, buscando garantir o acesso e a permanência de jovens, adultos e idosos no sistema de ensino e a sua progressão nos estudos, por meio da oferta de uma educação de qualidade, que leve em conta as especificidades etárias, étnico-raciais, de gênero, necessidades especiais, entre outras.

Entretanto, alguns desafios ainda permanecem para o século XXI, entre os quais: a) superar os níveis de analfabetismo no país; b) assegurar a universalização da educação básica na idade própria, a fim de suprimir a oferta da escolarização básica, por meio de cursos específicos e de exames supletivos, que possibilitam a criação de programas aligeirados, massificados e de qualidade discutível; c) substituir a política fragmentada de ações por meio de programas e projetos, pela oferta de matrículas na rede visando à continuidade de estudos de alunos da EJA até a conclusão da educação básica; d) *atender às especificidades da população da EJA em situação de exclusão social*: classes populares, ribeirinhos, indígenas, quilombolas, jovens em privação de liberdade, entre outros; e) efetivar as ações pedagógicas que viabilizam a fixação dos educandos no sistema de ensino evitando a evasão; f) a formação de professores, que requer um diálogo entre as redes de ensino e as universidades.

Esses desafios para o século XXI evidenciam a necessidade do debate sobre as políticas da Educação de Jovens e Adultos em diversas instâncias sociais: nos fóruns, nas universidades, nas redes de ensino, com vistas a estabelecer um diálogo entre os sistemas de ensino e a sociedade civil e avançar nas proposições político-pedagógicas, visando atender, de fato, a população dessa modalidade de ensino em suas especificidades etária, gênero, étnico-racial, geográfica, entre outras.

Referências

BRANDÃO, C.R. "Educação alternativa na sociedade autoritária". In: PAIVA, V. (org.). *Perspectivas e dilemas da educação popular*. 2. ed. Rio de Janeiro: Graal, 1986.

BRASIL. *Plano Nacional de Educação para o decênio 2011-2020*. Brasília: Senado Federal, 2011 [Disponível em http://www.todos pelaeducacao.org.br – Acesso em 09/11/2011].

_____. *Parecer CNE/CEB 11/2010* – Aprovado em 07/07/2010. Brasília: MEC, 2010a [Diretrizes Curriculares Nacionais para o Ensino Fundamental de 9 anos].

_____. *Parecer CNE/CEB 6/2010* – Aprovado em 07/04/2010. Brasília: MEC, 2010b.

BRASIL. *Documento nacional preparatório à VI Conferência Internacional de Educação de Adultos.* Brasília/Goiânia: MEC/Funape/UFG, 2009a.

_____. *Instituto Brasileiro de Geografia e Estatística.* Brasília: Mpog/IBGE, 2009b.

_____. *Parecer CNE/CEB 23/2008* – Aprovado em 08/10/2008. Brasília: MEC, 2008 [Institui diretrizes operacionais para a Educação de Jovens e Adultos]. Brasília: MEC, 2008.

_____. *Medida Provisória 173,* de 16 de março de 2004. Brasília: Senado Federal, 2004.

_____. *Plano Nacional de Educação em Direitos Humanos (Pnedh).* Brasília: Secretaria Especial de Direitos Humanos, 2003.

_____. "Resolução CNE/CEB 1/2000". In: SOARES, L. *Diretrizes Curriculares Nacionais*: Educação de Jovens e Adultos. Rio de Janeiro: DP&A, 2002.

_____. "Parecer CEB 11/2000". In: SOARES, L. *Diretrizes Curriculares Nacionais*: Educação de Jovens e Adultos. Rio de Janeiro: DP&A, 2002.

_____. *Plano Nacional de Educação* – Lei 10.172/2001. Brasília: Senado Federal/Unesco, 2001.

_____. *Lei 9.394/1996* – Diretrizes e Bases da Educação Nacional. Brasília: Congresso Nacional, 23/12/1996.

_____. *Constituição da República Federativa do Brasil.* Brasília: Senado Federal, 05/10/1988.

FREIRE, P. *A educação na cidade.* 2. ed. São Paulo: Cortez, 1995.

_____. *Política e educação.* São Paulo: Cortez, 1993.

GADOTTI, M. *A educação contra a educação, o esquecimento da educação e a educação permanente*. Rio de Janeiro: Paz e Terra, 1981.

ONU. *Declaração Universal dos Direitos Humanos*, 10/12/1948 [Disponível em http://www.onu.org.br – Acesso em 20/05/2011].

PAIVA, J. "A construção coletiva da política de Educação de Jovens e Adultos no Brasil". In: MACHADO, M.M. (org.). "Educação de Jovens e Adultos". *Em Aberto*, vol. 22, n. 82. Brasília: MEC/Inep, 2009.

SOARES, L. *Diretrizes Curriculares Nacionais*: Educação de Jovens e Adultos. Rio de Janeiro: DP&A, 2002.

UNESCO. *Marco de ação de Belém*. Brasília: Unesco, 2010.

_____. "V Conferência Internacional sobre Educação de Adultos". *Declaração de Hamburgo sobre a Educação de Adultos*. Hamburgo, julho de 1997.

_____. *Declaração de Salamanca e linha de ação sobre necessidades educativas especiais*. Brasília: Corde, 1994.

_____. *Declaração Mundial sobre Educação para todos* – Plano de ação para satisfazer as necessidades básicas de aprendizagem. Nova York: Wcefa [Disponível em http://www.educacaoonline.pro.br, 1990 – Acesso em 09/05/2011].

VIEIRA, M.C. "As Confinteas e as políticas de Educação de Jovens e Adultos no Brasil: o lugar da sustentabilidade". *Revista Alfabetização Solidária*, vol. 7, n. 7, 2007.

ZUCCHETTI, D.T. & MOURA, E.P.G. *Educação não escolar e universidade*: necessárias interlocuções para novas questões. Caxambu: 30ª Reunião Anual da Anped, 2007.

2
Políticas públicas, cultura e currículo: referenciais para uma análise crítica na EJA

MARIA OLIVIA DE MATOS OLIVEIRA

Introdução

Ao longo dos séculos XIX e XX, a sociedade viveu sob a influência do paradigma da ciência moderna, cartesiano, que propõe a divisão do conhecimento em campos distintos, na tentativa de garantir a objetividade e neutralidade científicas. Somos testemunhas de que esse paradigma levou ao avanço das ciências e das tecnologias, embora tenha contribuído para uma visão fragmentada do homem e da natureza. O contexto pós-moderno tem levado à constatação da fragilidade dos pilares em que se fundamenta tal paradigma. Um novo paradigma desponta e se baseia na diversidade de percepções e de opções metodológicas, contribuindo para a emergência de novas relações interdependentes, gerando parcerias, partilha de sentimentos, solidariedade, respeito às diferenças e estímulo ao diálogo, para se chegar a um novo padrão civilizatório – a cultura da paz.

Nesse contexto, o paradigma emergente se configura, num processo de construção de uma nova visão das ciências, da vida social, dos valores, das estruturas políticas e sociais e novos comportamentos se instauram. Esse paradigma é trabalhado por Santos (1997), que ressalta o valor de outras formas de conhecimento, ou seja, o saber advindo da experiência, da valorização do conhecimento, do senso comum, do conhecimento prático vivenciado pelos estudantes.

A ruptura epistemológica não vê fronteiras entre saberes e a ênfase é dada nas relações entre eles, como diz Santos com muita propriedade:

> as fronteiras entre os saberes é tênue e que os objetos têm fronteiras cada vez menos definidas e são constituídos por anéis que se entrecruzam em teias complexas com os dos restantes objetos, a tal ponto que os objetos em si são menos reais que as relações entre eles (SANTOS, 1997, apud OLIVEIRA, 2003 p. 34).

A citação acima guarda perfeita aderência com o teórico Edgar Morin (2005) quando este último defende a importância do pensamento complexo para enfrentar as incertezas. O citado autor nos ensina que o século XX assistiu ao desenvolvimento das ciências organizadas, em contrapartida com o século XIX que presenciara o desenvolvimento desordenado das ciências. A meta do conhecimento científico "era dissipar a aparente complexidade dos fenômenos a fim de revelar uma ordem simples a que eles obedeceriam (MORIN, 1984, apud VASCONCELLOS, 2002, p. 106). Apesar das ciências sociais haverem adotado o tal paradigma ao contrário das ciências biológicas, hoje se reconhece que a complexidade não é propriedade específica de fenômenos sociais ou biológicos, sendo um pressuposto epistemológico transdisciplinar.

Nesse sentido, o pensamento complexo e transdisciplinar baseia-se em três princípios, a saber: 1º) o princípio hologramático que concebe as partes como um todo e o todo como as partes, numa relação solidária e não cumulativa; 2º) o princípio da recursividade organizacional que conceitua o desenvolvimento cognitivo como um processo espiralado e retroalimentado pelo conhecimento reconstruído sobre bases anteriores. Tal princípio rompe com a ideia linear de causa e efeito, onde tudo que é produzido volta para aquele que o produziu; c) o princípio dialógico que faz a associação de elementos que necessitam atuar juntos, unindo desordem e unidade, permitindo manter a dualidade no seio da unidade.

A teoria de Morin (2005) tem implicações profundas na educação porque o autor, afirmando a provisoriedade do conhecimento científico, questiona a respeito da organização curricular, rígida e fragmentada, baseada em disciplinas e nos mostra a necessidade de flexibilizar o espaço e o tempo escolares e substituir os recursos didáticos tradicionais por uma práxis que conduza a reais transformações.

O citado teórico também revela que, através da interdisciplinaridade, é possível articular os domínios disciplinares num sistema teórico comum, numa metavisão da concepção do conhecimento, eliminando o hiato entre a atividade profissional e a formação escolar, num diálogo mais aberto entre o mundo do trabalho e os espaços de formação.

Por outro lado, é de fundamental importância desenvolver conteúdos relacionados com o sentido ético-social, configurador de uma cultura política e democrática, imprescindível na formação dos jovens e adultos. O exercício da esperança e da possibilidade, através do diálogo, proposto por Freire (2001), implica uma vinculação da pedagogia como forma de compreensão crítica e de sua possibilidade de transformação social.

A Educação de Jovens e Adultos vem reafirmando o direito à educação para todos, na defesa de uma educação permanente, e na perspectiva de aprendizagem ao longo da vida. Da mesma forma, a Conferência Mundial de Educação, através da publicação do Relatório Delors (2001), também chamou a atenção para essa premissa básica; qual seja, a de colocar a educação ao longo da vida. As Confinteas (de 1949 até a última em Belém do Pará) bem como as cátedras Unesco vêm também apresentando um potencial de interlocução como laboratório de ideias no campo da aprendizagem de jovens e adultos, com ênfase na aprendizagem ao longo da vida.

Tais premissas passaram a fazer parte da agenda das políticas públicas, propiciando momentos de reflexão conjunta que resultaram na construção de um marco referencial e no delineamento de políticas para a EJA, apesar da distância entre o discurso e a implementação dos referidos programas, observados no contexto de atuação.

Desafios de toda ordem se avolumam no que tange ao segmento de jovens e adultos e aos docentes que nele trabalham. Aqui se defende a ideia de que o desenvolvimento profissional dos educadores de jovens e adultos deve ser concebido como um processo constante, ao longo da vida, que se inicia com a formação inicial e produzirá mudanças nas condutas docentes, na forma de pensar, valorizar e atuar no ensino.

Se pretendemos estimular o desenvolvimento profissional dos docentes e agilizar os processos de mudanças, o que se deve fazer primeiro é, sem dúvida, discutir a definição de cursos de formação que superem os enfoques isolados da realidade docente e possibilitem favorecer dimensões relacionadas com o papel social, político e pedagógico dos professores de jovens e adultos.

Sem dúvida, para se ter uma atuação coerente com a concepção dialética da aprendizagem, precisamos encontrar um caminho para alterar a prática dos formadores. Uma das primeiras coisas a se fazer é estabelecer um vínculo de confiança com a comunidade e com os professores que vão receber a proposta. Isso exige reuniões e conversas para submissão da proposta aos docentes, com estratégias políticas mais plurais, como enfatiza Arroyo (2006) e diálogos mais frequentes.

O espaço escolar é o lugar em que os sujeitos se expressam e vivem os seus problemas concretos e onde são articuladas as respostas pertinentes, que condicionam as ações que promovem a participação sociocultural. Como frisa o grande educador Paulo Freire, essa prática libertária implica dar vez e voz ao estudante, libertando-o para se tornar autor do seu próprio conhecimento e emancipando-o da heteronomia e da opressão.

Resgatar, por conseguinte, a história da EJA é refletir sobre os seus sujeitos, protagonistas de experiências e construtores de identidades próprias, como nos ensina Brandão (2008), compreendendo-os "[...] não como beneficiários tardios de um serviço, mas como protagonistas emergentes de um processo" (BRANDÃO, 2008, p. 24).

O modelo de desenvolvimento econômico e as políticas sociais no Brasil têm sido organizadas de forma incompatível com a concepção acima abraçada por Brandão, no sentido de garantir a universalização dos direitos humanos. Apesar de a Constituição de 1988 consagrar o ideal da expansão das políticas públicas sociais, o nosso país não conseguiu implantar ainda um estado de bem-estar social, pois tais políticas, sobretudo as voltadas para a educação, se mostram ineficientes para dar conta das necessidades da população de baixa renda, tanto em termos de qualidade quanto dignidade de vida desses cidadãos brasileiros.

Há alguns anos Gentilli (1999) já alertava para o empobrecimento, a perda de emprego, a insegurança, as disparidades étnicas e de gênero, a violência de caráter material e simbólico, presentes na sociedade brasileira. Segundo o citado autor, o estado neoliberal utiliza-se de mecanismos de controle e repressão, para impor uma nova cultura gestionária de poder.

Ireland (2010) afirma que as tensões se acirram na medida em que os pactos internacionais se concretizam entre governos nacionais e entre esses e a sociedade civil.

Tais tensões são contraditórias porque representam uma luta de forças antagônicas entre a gestão pública, que quer cristalizar um novo modelo social de desigualdade, camuflado no falso princípio do mérito e da liberdade individual, e a sociedade civil, que traduz sua insatisfação e revolta através de constantes mobilizações.

Esses movimentos populares, comunitários ou acadêmicos, representam sempre tentativas coletivas de responder contra-hegemonicamente a todas essas políticas inadequadas e insatisfatórias. O Prof. Carlos Alberto Torres (2009) mostra a importância dos movimentos populares, das ONGs e das práticas da comunidade para a recuperação da educação popular e afirma que os intelectuais também terão o papel de recolher esses resultados como escribas para reconstruir teoricamente alguns aspectos dessas práticas (2009, p. 13). O citado autor ainda defende a presença mais forte dos movimentos sociais na universidade, considerando-os importantes e acrescentando que a universidade deve manter "um diálogo interinstitucional interpretativo do cotidiano que incorpore o resgate do passado, a análise do presente e a visão do futuro (TORRES, 2009, p. 15).

Pelo exposto, as políticas públicas da Educação de Jovens e Adultos se, por um lado, têm sido usadas pelo Estado como instrumento de estabilidade político-social, por outro lado, apropriadas pelos sujeitos culturais coletivos, pelos movimentos sociais, acadêmicos, ou outros agentes que resistem a essas imposições, revelam vozes que, a despeito de suas diferenças epistemológicas, simbolizam rachas nas estruturas de poder e criam práticas alternativas transformadoras (MATOS OLIVEIRA, 2007).

Cultura e Currículo: a perspectiva dos estudos culturais e seus impactos na Educação de Jovens e Adultos

> [...] a pedagogia crítica não tem nada que ver com a estreiteza técnica tecnicista e cientificista que caracteriza o mero treinamento. É por isso que o educador progressista, capaz e sério, não apenas deve ensinar muito bem sua disciplina, mas desafiar o educando a pensar criticamente a realidade social, política e histórica [...] (FREIRE, 1997, p. 44-45).

Assim como Freire, os teóricos dos estudos culturais e, dentre eles, Apple (2003, p. 117), enfatizam que as políticas culturais agem para inculcar uma ideologia de poder que reproduz a desigualdade e fragmenta as relações sociais democráticas. Por esse motivo, cabe à pedagogia crítica criar um senso comum contra-hegemônico para os pedagogos críticos refletirem, de maneira crítica, a realidade social.

Como forma de política cultural, a pedagogia crítica é explicada a partir de um dos seus objetivos fundamentais, qual seja: o de entender como os professores devem compreender e analisar as experiências que os estudantes trazem para a escola e valorizar o conhecimento produzido nas interações da sala de aula.

Apple (2003) assinala como as escolas devem ser convertidas em espaços de maior igualdade social e de maior oposição às estruturas de poder, defendendo uma forma e aplicação do currículo que enfatize o histórico, o cultural e as vozes de todos os sujeitos envolvidos.

A concepção de currículo aqui exposta é a de que currículo é mais que um conjunto de conhecimentos organizados e sistematizados; sua definição passa por outros aspectos a serem considerados, como as relações de poder, de subordinação dos alunos à autoridade dos professores, e de resistências dos alunos ao poder e a hierarquia. Nesse sentido, poderíamos dizer que o currículo escolar representa um conjunto de experiências propostas pela escola, aceitas ou negadas pelos alunos. O currículo oficial ao lado do real e do oculto se mesclam no espaço escolar, num processo social de conflitos e lutas, que envolve controle, poder, interesses, conhecimentos científicos, crenças, visões sociais e resistências. Para Silva (1995; 2008) fazer currículo, mais que buscar o lógico e o coerente, significa entender "o caráter caótico e fragmentário das forças que o moldam e o determinam".

Currículo também pode ser definido como enunciação, expressão, e assim como a linguagem e prática de significação. Para que o currículo atenda à natureza contraditória da experiência e das vozes estudantis, é necessário, além de abandonar marcos de referência que separam os marginalizados dos dominantes, também criar um novo vocabulário de resistência que não separe o currículo das abordagens ligadas a valores éticos, estéticos, raciais ou de gênero (GIROUX & SIMON, 1984, apud MacLAREN, 1995, p. 57).

Nessa perspectiva, as salas de aula são espaços para se compreender "como se problematizam as experiências e as necessidades dos estudantes socialmente construídas e às vezes, contraditórias" (MacLAREN, 1995, p. 60).

No terreno da educação de adultos, ensino e cultura constituem um todo indissociável que favorece a identidade pessoal e coletiva dos sujeitos. Paulo Freire apresentou uma nova visão de cultura popular em nosso país. Nessa visão, cultura é um elemento permanente de participação, processo de identificação comunitária e núcleo da motivação participativa. A cultura é a configuração e o campo de desenvolvimento de todas as capacidades internas e externas, pessoais e comunitárias.

A cultura é um processo que tem que se viver de dentro para fora, que culmina gradualmente em uma vida mais ativa, criativa e mais autônoma. Toda pessoa adulta, por força de sua experiência vivida, é portadora de uma cultura que lhe permite ser, de alguma maneira, educadora e aprendiz. Por isso, a proposta dos educadores críticos, dentro da perspectiva dialógica de Paulo Freire (1997) e do enfoque do agir comunicativo de Habermas (1987), consiste em reduzir os efeitos excludentes e incrementar a relação entre culturas, através do diálogo.

Freire (1997) já dizia que o conceito de "diálogo" tem dimensões revolucionárias no processo de aprendizagem. O diálogo e a reflexão, portanto, fomentam o desenvolvimento da capacidade de selecionar e processar informações que é o melhor instrumento cognitivo para uma pessoa se desenvolver na sociedade atual. O trabalho do educador brasileiro mostra que, através do encontro pedagógico crítico, o intercâmbio mútuo professor/aluno é facilitado e ambos irão reconhecer a multiplicidade de posições existentes na vida democrática em relação a temas como raça, gênero e classe.

Abordamos anteriormente que o currículo da Educação de Jovens e Adultos deve ser diferenciado e fornecer uma abordagem baseada no diálogo, para atender com qualidade esse segmento populacional, deixando de lado visões etnocêntricas e buscando relações mais igualitárias e menos discriminativas. Segundo Ramón Flecha (2001), os defensores desse enfoque justificam os mecanismos de exclusão institucional, na Espanha, como a obstrução à entrada de imigrantes procedentes de outros países, bem como outros tipos de violências. Essa concepção parte da crença, segundo a qual é impossível um diálogo livre entre culturas diferentes. No Brasil, a postura etnocêntrica se revela através da exclusão dos pobres, dos afrodescendentes, da dualidade entre escola pública e privada etc.

Freire (1997) cunhou o termo multiculturalismo, que não significa justaposição de culturas, mas o respeito de uma cultura à outra "[...] correndo o risco de ser diferente, sem medo de ser diferente [...]".

A perspectiva multicultural ou pluricultural enfatiza a dinâmica do livre diálogo, e também está presente na Teoria do agir comunicativo de Habermas (1987), que concebeu essa perspectiva como uma forma de relação entre as culturas e como caminho para a superação das desigualdades e exclusão social.

Freire também formulou concretamente a proposta dos Centros de Cultura como uma via diferente para proporcionar educação aos grupos que estão permanentemente excluídos. Os jovens e adultos participam de espaços educativos onde se discutiam conceitos como "exploração", "organização" e "capitalismo", por exemplo, entendidos empiricamente ou reconhecidos racionalmente e articulados pela primeira vez por eles, em seu contexto real. O nível de conhecimento da realidade objetiva dos participantes, nas regiões brasileiras onde estes centros se implantaram, aumentou apesar das limitações conceituais impostas pelo paradigma vigente e pelas práticas docentes tradicionais das escolas.

A ideia dos centros de cultura de Freire renasceu com o nome de Comunidades de aprendizagem e o seu conceito e ideário em relação à Educação de Jovens e Adultos vale a pena discorrer. Transformar um ambiente escolar típico numa comunidade de aprendizagem requer uma mudança, não só na maneira como os educadores se percebem e tratam os alunos, mas também na forma como organizam o seu trabalho docente (MATOS OLIVEIRA, 2007). O significado da palavra comunidade vem do latim *communitate* que está relacionado aos conceitos de comunhão, espaço, participação e totalidade. Muito diferente das comunidades idealizadas por Freire, a Educação de Jovens e Adultos daquela época praticava uma concepção tradicional de educação, onde o trabalho docente era "organizado e conduzido no formato de aulas, com espaços apenas monofônicos, duração rígida de 50 minutos, durante os quais o professor tratava o assunto memorizado e estruturado, de acordo com uma sequência didática lógica (para ele), apresentada aos educandos de uma maneira predeterminada e uniforme para todos. As aulas eram planejadas como disciplinas acadêmicas compartimentadas, sem relação umas com as outras. Era uma educação "intensamente verbal e palavrosa" como se referia Freire (1997).

Os professores, sobretudo da EJA, já possuem essa consciência do fracasso da educação escolar. Malremunerados e malpreparados, denunciam as discrepâncias existentes nos seus processos formativos, resistindo às políticas de formação docente que se concretizam em projetos fragmentados, não satisfazendo às exigências de desenvolvimento profissional dos professores.

Numa pesquisa, que será brevemente relatada, avaliando um Programa de Alfabetização de Jovens e Adultos, constatamos que o aspecto mais comprometedor é o despreparo dos nossos docentes que, apenas com a escolaridade média, negam tudo que está teoricamente aportado nas Diretrizes Curriculares Nacionais para a Educação de Jovens e Adultos. Aqui defendemos o pressuposto segundo o qual, para uma comunidade florescer, são necessárias uma práxis educativa libertadora e uma cultura organizacional da escola que seja democrática, abrangente e participativa.

Fundamentos freireanos para uma escola pluricultural

Vimos anteriormente que o enfoque etnocêntrico posiciona-se contra a existência de escolas pluriculturais, opondo-se à introdução de qualquer elemento no currículo que não tenha pertencimento com a cultura hegemônica.

A proposta de uma educação pluricultural trabalha com essa contradição, sem perder de vista as limitações do próprio enfoque, porque a criação de sistemas educativos e de escolas são práticas provenientes de grupos específicos e de culturas. Sendo o sistema educativo uma instituição masculina, branca e ocidental, a maioria das pessoas de outras culturas que ingressa no sistema fracassa; contraditoriamente, aqueles que triunfam, dentro daquele padrão, se submetem a renunciar à própria identidade.

Foi nessa perspectiva que analisamos uma política pública do governo do Estado da Bahia, no período de 2002 a 2006, que será apresentada posteriormente. No estudo se procurou fazer uma análise mais plural do programa, levando em conta a realidade social, os processos e atividades da organização, a variedade de condutas dos sujeitos, o clima de trabalho, a competência e a autonomia de cada um dos membros da instituição.

Freire lançou os fundamentos de uma escola pluricultural e cidadã, propondo a necessidade de conhecer o contexto sócio-histórico, através de uma experiência vivencial dos alunos, com a participação das famílias e comunidade, ultrapassando os muros da escola. Também ressignificou o conceito de professor como educador-líder, pessoa mais experiente de uma equipe de investigação e não alguém que sabe mais. Sem dúvida, essa práxis de educação democrática subverte os mecanismos e rituais autoritários, outorgando aos alunos o mesmo direito de falar, perguntar, questionar, arguir ou discordar, defendendo suas posições de forma socialmente aceitável.

A divisão social do trabalho escolar entre os que sempre mandavam e os que obedeciam caracterizou uma das formas mais fundamentais de exercício da opressão e, ao longo dos tempos, continuou legitimada por outras formas, um pouco mais amenas.

Algumas experiências exitosas como o projeto denominado Comunidades de aprendizagem, inspirado em Paulo Freire (Crea, Projeto da UB, 2001) e coordenado pelo Prof. Ramón Flecha (2001) da Universidade de Barcelona (UB/Es), merecem ser relatadas. O que caracteriza uma comunidade de aprendizagem é uma concepção diametralmente oposta às ideologias e práticas docentes tradicionais, em que o educador, detentor único do saber, posiciona-se acima dos educandos. O deslocamento do eixo de ensino para a aprendizagem se tornou a principal característica dessas comunidades (FREIRE, 2001). Tais espaços propiciaram relações mais democráticas traduzidas pelo direito de todos de escolher ser diferente e ser educado e respeitado na própria diferença.

Há, portanto, necessidade de políticas que reconheçam e legitimem essas experiências, pois elas podem se transformar em mecanismos que facilitam a incorporação de pessoas que tradicionalmente não participam dos processos formativos, reconhecendo formalmente outros saberes que elas possuem (GÓMEZ, 2001). No projeto supracitado foram sistematizados alguns princípios freireanos da aprendizagem dialógica, a saber: diálogo igualitário, inteligência cultural, transformação, dimensão instrumental, solidariedade e respeito às diferenças (FLECHA, 2001; PUIGVERT, 1999, apud GÓMEZ, Tri Jornadas, 1992).

Segundo Flecha, a dialogia envolve habilidades comunicativas que se constituem fator de transformação da educação de adultos, pois graças a elas consegue-se um processo educativo que parte das próprias experiências e interpretações dos participantes, rompendo-se desta forma estereótipos como o da perda de capacidade cognitiva pelas pessoas à medida que a idade avança.

Como componente da aprendizagem dialógica na educação de adultos, a inteligência cultural engloba tanto a inteligência acadêmica como a prática, a partir da qual pessoas vão construindo novos saberes e conhecimentos. Esse tipo de inteligência parte do uso das competências comunicativas que toda pessoa possui, e que não se perde com o passar do tempo. Os jovens e adultos em processo de alfabetização têm esse tipo de inteligência, na medida em que os vemos interpretando frases, posicionando-se diante dos fatos, a partir das suas vivências.

A existência da inteligência cultural e das habilidades comunicativas nos permite afirmar que tanto as transformações educativas e sociais como as mudanças pessoais experimentadas pelos jovens e adultos são possíveis quando esses sujeitos iniciam seus processos formativos na escola.

A dimensão instrumental é uma parte importante da aprendizagem dialógica, sobretudo quando se trata do acesso e uso das tecnologias. Através da inteligência cultural, as pessoas realizam muitas operações mentais em contextos cotidianos que são capazes de transferir para outros espaços, baseadas nas habilidades comunicativas que acumulam ao longo de suas experiências através do diálogo.

Enfim, para que o educando seja libertado da opressão e do paternalismo educativo que incita à dependência e à alienação, é necessário que se instale na escola uma cultura de organização coletiva, envolvendo ativamente educandos e todos os membros da comunidade escolar, numa construção coletiva do projeto institucional, minimizando desigualdades sociais e diferenças culturais. Segundo (FLECHA, 2001, p. 26):

> A questão não é que todas as pessoas tenham as mesmas oportunidades de ter uma cultura igual, o problema é de redistribuir os recursos humanos e materiais de modo que ninguém fique excluído por sua diferença para atingir determinados elementos culturais.

Quando em nome da igualdade não se considera a diferença, se impõe um modelo homogêneo de cultura que produz exclusão e desigualdade.

A simples adaptação às diferenças reforça a desigualdade, já que se limita a reproduzir a cultura de origem e os fatores que dela fazem parte. O respeito à diversidade baseado na mera adaptação às diferentes realidades sociais e pessoais esconde na realidade uma adaptação às desigualdades. Foi nesse pressuposto que se pautou a educação compensatória no Brasil. As políticas compensatórias se baseiam em teorias do *deficit*, onde professores assimilam a ideologia da carência, criando expectativas negativas de aprendizagem em relação aos alunos, fato esse que se converte em profecia promotora do fracasso escolar.

O perfil identitário dos alunos de EJA está diferente, mas parece que, no contexto escolar, tais mudanças não foram ainda reconhecidas pelos docentes. Saber lidar com as diferenças é um diferencial do perfil do futuro profissional que faz parte do segmento jovem da EJA. Nesse particular, Esteves (2007) enfatiza que o imaginário social ainda não concebe o jovem com uma identidade própria.

> A despeito do imaginário social construído em torno da valorização de ideais estéticos associados às populações mais jovens, a sociedade, até hoje, tem uma enorme dificuldade em conceber o jovem como sujeito de identidade própria, oscilando entre considerá-lo adulto para algumas exigências e infantilizá-lo em outras tantas circunstâncias (ESTEVES, 2007, p. 26).

Com propriedade, o autor supracitado mostra as experiências didáticas a que esse segmento populacional é submetido, onde não são respeitadas a sua realidade e sua faixa etária. Quando em nome da igualdade não se considera a diferença, se impõe um modelo homogêneo de cultura que produz exclusão e desigualdade.

Nessa perspectiva, os sujeitos da EJA, nas suas diversidades, precisam de um espaço democrático para exercer o direito à cidadania; precisam ser reconhecidos como diferentes quanto às suas condições socioeconômicas, de gênero, e de etnia, merecendo ser educados e respeitados na própria diferença. Igualdade e diferença são conceitos relacionais e, como cita com propriedade Boaventura de Souza Santos (1999), a igualdade deve ser exigida quando a diferença discrimina os sujeitos, porém, a diferença é requerida quando a igualdade os descaracteriza.

Nessa perspectiva, o espaço escolar deveria ser o lugar privilegiado para que o sujeito da EJA seja considerado na sua diversidade, expresse e viva os seus problemas concretos e receba da escola respostas pertinentes promotoras da sua participação sociocultural.

Tornar visível o cotidiano da EJA: avaliação de uma política pública

A seguir, em linhas gerais fazemos o relato de uma das mais antigas, porém significativas das nossas vivências na Educação de Jovens e Adultos, no âmbito da avaliação de uma política pública (Programa "Educar para Vencer", nas classes de regularização de fluxo e de aceleração) em três cidades baianas, que gerou um livro publicado em 2007, intitulado *Educação de Jovens e Adultos na Bahia: pesquisa e realidade*.

O objetivo central da referida pesquisa, apresentada na Universidade Autónoma de Barcelona (UAB), foi analisar criticamente as políticas públicas da EJA, implantadas pelo governo da Bahia, no período de 2002 a 2006, para interpretar os argumentos que os professores usam para expressar suas expectativas profissionais, suas representações a respeito do desempenho do alunado, conceitos sobre os saberes requeridos ao professor alfabetizador. Procurou-se nesse estudo dar visibilidade ao cotidiano desses sujeitos, tentando entender suas dificuldades, resistências e medos, revelados nas suas falas. Por outro lado, além de acreditar na aceitação por parte da escola de avaliar-se a si mesma, introduzimos um elemento de heteroavaliação nas políticas públicas, para que todas as instâncias pesquisadas tomassem conhecimento e participassem do referido projeto de avaliação. Mais que isso, que professores e gestores despertassem para o problema da aplicação de verbas destinadas aos programas, que muitas vezes são controladas pelas prefeituras e sem transparência para a comunidade.

No desafio dessa investigação, procuramos romper paradigmas, procurando a coerência entre o pensar e o agir dos sujeitos, implicados em sua luta pedagógica do dia a dia. A abordagem epistemológica do estudo foi baseada nos aportes teóricos sobre avaliação de políticas públicas. A literatura sobre a avaliação nos conduz a três paradigmas: científico-racional ou tecnológico, interpretativo-simbólico ou cultural e o crítico, que assumem diferentes pressupostos de acordo com Grecco (1996, p. 101, apud GAÍRIN, 1996, p. 167). Constituiu-se em tarefa difícil categorizar os enfoques agrupados em cada um desses paradigmas. Alguns não são mutuamente excludentes, como o interpretativo-simbólico e o crítico. O quadro exposto a seguir propõe apresentar os três paradigmas da avaliação, indicando suas diferenças principais, no que tange à avaliação de programas. A nossa perspectiva paradigmática, como avaliadora assentada nos dois últimos paradigmas abaixo descritos, favoreceu as interações com a comunidade, buscando sempre atingir a relação dialética do sujeito-objeto na sua práxis.

Enfoque epistemológico	Características	Descrição
Paradigma científico-racional (enfoque tecnológico)	Natureza da avaliação	Processo de busca de comprovação por meio do uso de indicadores e definição de critérios para propostas de melhoria.
	Nível de conhecimento	Processo técnico, estandardizado, mecânico, setorial e pontual.
	Interesse	Controle, indicadores quantitativos. Avaliação como referência.
	Pressupostos metodológicos	Produtividade, eficiência, eficácia, predição.
	Tipos de dados	Quantitativos.
	Papel do avaliador	Técnico.

Paradigma interpretativo-simbólico (enfoque cultural)	Natureza da avaliação	Processo que considera as interações entre os participantes e os processos simbólicos que ocorrem no seio das instituições.
	Nível de conhecimento	Histórico-hermenêutico, processo intersubjetivo, valorativo.
	Interesses	Prático, baseado nas interações. Valorização das informações.
	Pressupostos metodológicos	Utilidade, propriedade, compromisso ético com a utilização da informação.
	Tipos de dados	Quantitativos e qualitativos.
	Papel do avaliador	Facilita as interações, garante as opiniões dos membros do grupo.
Paradigma crítico (enfoque crítico)	Natureza da avaliação	Processo de análise de uma realidade consciente de sua transformação.
	Nível de conhecimento	Processo reflexivo, contextualizado, participativo e ético.
	Interesses	Emancipação democrática, transformação crítica educativa, reflexão coletiva, tomada de decisão.
	Pressupostos metodológicos	Antidogmatismo, direito à informação e equilíbrio: autenticidade, compromisso e reflexão, compartilhar problemas e soluções.
	Tipos de dados	Qualitativos.
	Papel do avaliador	Coordenador do trabalho de avaliação. Pertencente à equipe que desenvolve o programa. Avalia a partir de problemas concretos.

Quadro 1 Paradigmas da avaliação: características e descrição

Fonte: Matos Oliveira, 2007, p. 81-82, baseado em Gaírin, 1996.

Ao tornarmos visível o cotidiano das classes de regularização de fluxo e de aceleração do Programa Educar Para Vencer, tínhamos o desejo de desvendar por trás dos métodos e técnicas aplicados uma realidade prioritária, somente perceptível através da sensibilidade e da paixão.

Na investigação foram utilizados técnicas e procedimentos de pesquisa qualitativos, para conseguir resultados mais descritivos e reais das classes; por isso fizemos a triangulação de métodos, para preservar nosso compromisso investigativo, cruzando informações dos diferentes segmentos, a saber: gestores, professores e alunos quanto às suas características socioeconômicas, profissionais, faixa etária, salarial e condições de trabalho, através de diferentes instrumentos de avaliação.

Os resultados dos dados obtidos e analisados revelam inúmeros problemas desde aqueles de natureza socioeconômica, envolvendo as baixas condições salariais em que vivem os alunos, o subemprego, as péssimas condições de habitação e moradia (apesar da maioria possuir casa própria), as condições salariais dos professores, sua precária formação, estendendo-se até outros aspectos, como o total desconhecimento de alguns gestores e técnicos sobre o próprio programa: Educar para Vencer.

Os professores, diretores e coordenadores deram depoimentos sobre a carência de recursos humanos e materiais didático-pedagógicos, sobre a falta de estrutura necessária nas classes e/ou até a inexistência de uma estrutura mínima de salas e equipamentos nos locais onde o programa estava implantado.

Nas avaliações feitas pelos gestores, os resultados mostraram um baixo grau de pontuação na escala de apreciação sobre o Programa Educar Para Vencer. Não obstante, há muitas dimensões que os gestores disseram não conhecer, o que sinaliza a verticalidade e a centralização desse programa na administração da SEC/Ba, deixando os gestores como meros executores, sem autonomia.

Ao seu turno, administradores e gestores apontavam, ora para a falta de compromisso dos professores, ora para a irresponsabilidade do Estado e os salários aviltantes. Os docentes, por sua vez, criticavam a direção das escolas, e a atuação dos coordenadores. E, nesse jogo, em que todos estão insatisfeitos e jogando a culpa nos outros parceiros, como fica a educação? Como está sendo tratado o destino desses jovens e adultos do nosso Estado?

Observamos também nesse estudo que, sentindo-se "bodes expiatórios", os docentes põem a culpa nos alunos, no seu despreparo, no desinteresse, na desarticulação e desunião das famílias. Sabemos que os professores têm sido os responsáveis pelos resultados e isso é um pressuposto inteiramente inadequado, pois sua contribuição a esses resultados deve ser analisada juntamente com outros fatores intervenientes contextuais e sociopolíticos. Sem dúvida, são necessárias uma reflexão e uma discussão conjunta do problema com todos os setores envolvidos. Foram também utilizadas entrevistas para investigar os conceitos que os professores e gestores fazem a respeito das habilidades saberes que um professor deve ter no exercício da sua função. No dizer dos entrevistados eles devem reunir o compromisso profissional, responsabilidade, os conhecimentos da área, com a afetividade e amizade com os alunos. Tais saberes são definidos pelos sujeitos docentes como a capacidade de mobilizar diferentes recursos para enfrentar um determinado tipo de situação.

Nas observações que realizamos, vimos que as respostas revelam que, se por um lado aceitam como importantes algumas dessas habilidades mencionadas, por outro, vemos quão esvaziados de conteúdos se encontram e quão afastados estão dos saberes e competências apresentados nos Parâmetros Curriculares Nacionais para o Ensino Fundamental.

Quanto à análise das opiniões favoráveis ou desfavoráveis expressadas pelos alunos a respeito da escola, vimos pelos resultados apresentados que os alunos acreditam no papel significativo que a escola tem, na mudança de qualidade de vida, mas, paradoxalmente, dizem que as atividades nela realizadas são de memorização e que não conduzem à construção da leitura e escrita de forma significativa.

De fato, as observações comprovam que a escola não está provocando mudanças no processo de alfabetização dos jovens e adultos, pois as práticas docentes não conduzem ao letramento e à aprendizagem dos usos sociais da língua falada e escrita. Nos programas oficiais está muito clara a supervalorização de testes mensuráveis, para indicar mudanças de desempenho dos alunos, como no caso das classes de regularização do fluxo, onde a Secretaria de Educação da Bahia colocou, em percentuais, o número de alunos de base alfabética e de base não alfabética, muito acima do que foi evidenciado pelo diagnóstico que aplicamos. Apesar das estatísticas oficiais comprovarem o decréscimo de alunos de base não alfabética, nas cidades investigadas, observamos que o número desses alunos (sem habilidades quanto a lectoescrita) é ainda muito grande e cada ano as diferenças se tornam mais significativas (MATOS OLIVEIRA, 2007, p. 77-94).

Necessita-se avaliar muito mais, como frisamos ao longo de todo o trabalho, e isso significa avaliar também as oportunidades de aprendizagem que efetivamente são dadas aos alunos, a interação entre os níveis (alunos, classes, escola), as formas de previsão e os logros obtidos pelos discentes.

Concluímos afirmando que o programa em questão está longe de satisfazer as exigências propostas, pois não atende às necessidades contextuais e não tem uma estrutura material e de recursos humanos que responda satisfatoriamente às necessidades dos seus usuários, condições importantes para legitimarem a sua eficácia.

Vemos que na atualidade o governo, o empresariado e a sociedade de modo geral pressionam as escolas para mostrarem seus resultados, colocando inclusive sob sua responsabilidade as vitórias ou os fracassos escolares. Ao falarmos de distância entre o que está proposto teoricamente nos documentos oficiais da Secretaria de Educação e a realidade investigada, nas cidades e nas classes onde está implantado o programa, nos restou a certeza de que a sociedade precisa de uma resposta dos gestores executivos na instância governamental, não apenas explicando como gastam o dinheiro, mas justificando esses gastos com resultados positivos.

Considerações finais

Concluímos dizendo que a ideologia (neoliberal) incorporada pelo Estado e pelas diretrizes curriculares, norteadora das propostas oficiais, tem se caracterizado pelo desrespeito à autonomia das escolas, dos professores e alunos e, em última instância, pelo descompromisso com a qualidade de ensino.

Mostramos que o mundo contemporâneo requer uma ruptura com a visão fragmentada, disciplinar, apontando para a importância da interlocução entre as disciplinas que devem se interconectar, como teia interligada, respeitando o pluralismo de ideias, revalorizando as subjetividades com posturas mais flexíveis frente às mudanças e considerando o seguimento de jovens e adultos, historicamente excluído de participação social.

Não temos dúvidas de que, nas mudanças exigidas pelo mundo contemporâneo, o papel da universidade parece ser muito relevante.

Ao analisarmos os fundamentos teórico-metodológicos do Programa Educar para Vencer (2003) e seus impactos no cotidiano das classes, verificamos que as diretrizes expressas nos documentos oficiais não são coerentes com as ações estratégicas que foram analisadas nas três cidades, objeto da investigação (MATOS OLIVEIRA, 2007).

Nos cursos de formação não basta introduzir os professores nas teorias ou levá-los à apropriação do discurso pedagógico "politicamente correto", pois a nossa experiência mostra que esses continuam agindo como sempre. Nas salas que observamos, os professores continuam fazendo ditado de palavras, com aulas monótonas, cansativas, sem planejamento, com uma pobreza de material muito grande, apesar dos cursos de formação realizados e sobre os quais opinaram, na maioria das vezes negativamente. Ficou patente que as estratégias utilizadas pelos cursos não instrumentalizam o professor para melhorar a qualidade do ensino e não operacionalizam o seu saber fazer.

Para os professores, os cursos promovidos pelo sistema de educação são de excelente qualidade, mas se constituem, de certa maneira, em pacotes de informação, como opinaram algumas professoras de uma das cidades investigadas: "muita teoria e pouca prática".

Pelo exposto, torna-se necessário que "a sociedade tome consciência de que o professor é um profissional indispensável, mas precisa ter um nível de qualificação superior ao exigível no passado. Se a sociedade exige uma escola de qualidade vai ter que assumir que isso requer também um professor de qualidade, com um perfil diferente do que vinha sendo proposto e também com um salário diferenciado. A luta não é somente da categoria, mas de toda uma sociedade que não pode prescindir de uma educação de qualidade" (MATOS OLIVEIRA, 2007, p. 124).

Referências

APPLE, M.W. *Educando à direita*: mercado, padrões, Deus e desigualdade. São Paulo: Cortez/Instituto Paulo Freire, 2003.

ARROYO, M. "Formar educadoras e educadores de jovens e adultos". In: SOARES, L. *Formação de educadores de jovens e adultos*. Belo Horizonte: Autêntica/Secad-MEC/Unesco, 2006, 296 p.

BRANDÃO, C. "A educação popular e a Educação de Jovens e Adultos: antes e agora". In: MACHADO, M.M. (org.). *Formação de*

Educadores de Jovens e Adultos – II Seminário Nacional. Brasília: Secad/MEC/Unesco 2008, p. 17-56.

BRASIL/Ministério da Educação e Cultura. *Proposta de diretrizes curriculares para a formação inicial de professores da educação básica em nível superior.* Brasília, 2000.

_____. *Lei de Diretrizes e Bases da Educação Nacional*, 9.394/1996.

DELORS, J. et al. *Educação*: um tesouro a descobrir – Relatório para a Unesco da Comissão Internacional sobre Educação para o século XXI. São Paulo: Cortez/Unesco, 2001.

ESTEVES, L.C.G. & ABRAMOVAY, M. "Juventude, juventudes: pelos outros e por elas mesmas". In: ESTEVES; L.C.G.; ABRAMOVAY, M. & ANDRADE, E.R. *Juventudes*: outros olhares sobre a diversidade. Brasília: Ministério da Educação/Secretaria de Educação Continuada, Alfabetização e Diversidade/Unesco 2007, p. 19-54.

FLECHA, R. *Comunidades de aprendizaje*: sociedad de información para todos, cambios sociales y algunas propuestas educativas. [s.l.]: [s.e.], 2001, p. 26.

FREIRE, P. *Pedagogia da Esperança* – Um reencontro com a Pedagogia do Oprimido. São Paulo: Paz e Terra, 2001.

_____. *Pedagogia da Autonomia* – Saberes necessários à prática educativa. São Paulo: Paz e Terra, 1999.

_____. *A la sombra de este árbol*. Barcelona: El Roure, 1997.

_____. *Pedagogía del Oprimido*. Madri: Siglo Veintiuno, 1997.

_____. *A importância do ato de ler*. São Paulo: Cortez, 1997.

GAÍRIN, J. *La organización escolar*: contexto y texto de actuación. Madri: La Muralla, 1996.

GENTILI, P. *Pedagogia da Exclusão* – Crítica ao neoliberalismo em educação. Petrópolis: Vozes, 1995.

GÓMEZ, D. *Centros educativos eficientes*. Barcelona: PPU, 1992.

HABERMAS, J. *Consciência moral e agir comunicativo*. Rio de Janeiro: Tempo Brasileiro, 1989.

IRELAND, T.D. "O direito de todos à educação – A incidência de instrumentos internacionais sobre políticas públicas de Educação de Jovens e Adultos". In: SANTOS DINIZ, A.; SCOCUGLIA, A.C. & PRESTES, E.T. (org.). *A Aprendizagem ao longo da vida e a Educação de Jovens e Adultos*: contribuições ao debate. João Pessoa: UFPB/Cátedra Unesco de Educação de Jovens e Adultos/Secad/MEC, 2010, p. 55-72.

MATOS OLIVEIRA, M.O. *Educação de Jovens e Adultos na Bahia*: pesquisa e realidade. Salvador: Quarteto, 2007, 144 p.

_____. *Avaliação de um programa de alfabetização de adultos*: seu contexto, seus professores e seus alunos. Barcelona: Universidad Autónoma de Barcelona, 2003 [Tese de doutorado].

MORIN, E. *A cabeça bem-feita* – Repensar a reforma, reformar o pensamento. 11. ed. Rio de Janeiro: Bertrand, 2005, 128 p.

OLIVEIRA, E.G. *Educação a distância na transição paradigmática*. Campinas: Papirus, 2003 [Coleção Magistério: Formação e Trabalho Pedagógico].

PRESTES, E.M.T. Revista *Faeeba* – Educação e contemporaneidade, n. esp., jul./2009. Salvador.

SANTOS, B.S. *Pela mão de Alice* – O social e o político na Pós-modernidade. São Paulo: Cortez, 1999, p. 23-49.

SANTOS DINIZ, A.; SCOCUGLIA, A.C. & PRESTES, E.T. (orgs.). *A aprendizagem ao longo da vida e a Educação de Jovens e Adultos*: contribuições ao debate. João Pessoa: UFPB/Cátedra Unesco de Educação de Jovens e Adultos/ Secad/MEC, 2010.

SCOCUGLIA, A.C. "A multirreferencialidade na Educação de Jovens e Adultos". In: SANTOS DINIZ, A.; SCOCUGLIA, A.C. & PRESTES, E.T. (org.). *A aprendizagem ao longo da vida e a Educação de Jovens e Adultos*: contribuições ao debate. João Pessoa: UFPB/Cátedra Unesco de Educação de Jovens e Adultos/Secad/ MEC, 2010, p. 17-32.

SILVA, T.T. (org.). *O sujeito na educação* – Estudos Foucaultianos. 6. ed. Petrópolis: Vozes, 2008, 258 p.

_____. *Alienígenas na sala de aula* – Uma introdução aos estudos culturais em educação. 6. ed. Petrópolis: Vozes, 1995.

TORRES, C.A. *Espaço do Currículo*, vol. 2, n. 1, mar.-set./2009, p. 1-22.

VASCONCELLOS, M.J.E. *Pensamento sistêmico*: o novo paradigma da ciência. Campinas: Papirus, 2002.

3
Experiências formativas de educadores em EJA: memória e narrativas autobiográficas

TÂNIA REGINA DANTAS
Uneb

Introdução

O trabalho que ora se apresenta se fundamentou na minha tese de doutorado em educação defendida na Universidade Autônoma de Barcelona (UAB), na Espanha, tendo como orientador o Prof. Joan Rué Domingo, na qual se dá a tessitura de uma reflexão crítica acerca da formação do educador que trabalha com a Educação de Jovens e Adultos.

A temática sobre formação do educador (educador em geral e educador de adultos) se encontra no centro dos debates, fazendo parte da programação da maioria dos simpósios, seminários, encontros, fóruns que se realizam sobre educação, tanto no Brasil como em vários países da Europa e nos Estados Unidos.

Em recente publicação a respeito do campo da pesquisa sobre formação de professores, Júlio Diniz-Pereira (2013) faz um breve histórico sobre a gênese e a evolução desse campo, afirmando que está havendo um grande interesse dos estudantes de pós-graduação por esta temática. Apesar das diversas críticas que se possa fazer sobre as pesquisas que vêm sendo produzidas nesse campo temático, anuncia que autores como Zeichner (2005, 2009) vêm defendendo uma *agenda de pesquisa* sobre formação de professores.

Marcelo García (1995, p. 54) desponta na Espanha com os estudos e publicações sobre essa temática ressaltando que "a formação de professores está a converter-se novamente [...] no elemento-chave, numa das pedras angulares do projeto de reforma do sistema educativo". Em Portugal, o educador António Nóvoa vem dando grande contribuição para a discussão acerca da subjetividade e da identidade na formação docente.

Recentemente, em 2013, foi realizado um trabalho encomendado no Encontro de Pesquisas em Educação do Norte e Nordeste (Epenn), que trata do estado da arte das pesquisas sobre formação de professores nas Regiões Norte e Nordeste, no período de 2003 a 2011, a partir dos trabalhos apresentados nos encontros regionais de pesquisa dessas duas regiões. Esse trabalho teve como objetivo principal aprofundar a reflexão no campo escolhido e ressaltar a contribuição de pesquisadores e estudiosos sobre a temática da formação de professores.

Nesse panorama, a 36ª Reunião Nacional da Associação Nacional de Pós-Graduação e Pesquisa em Educação (Anped), que se realizou em Goiânia, em outubro de 2013, apresentou no GT 08 – Formação do Educador, mediante os trabalhos aprovados, as últimas tendências, modalidades, vertentes teóricas e metodológicas acerca dessa temática.

Reconhece-se que os debates em torno da formação do professor vêm ganhando força e destaque no momento histórico atual, sobretudo com a ajuda da legislação educacional, em vigor, reafirmando o consenso de que a premissa básica para uma educação de qualidade é, justamente, a valorização e o resgate do papel do professor, como enfatiza Libâneo (1999).

O papel do professor vem assumindo novas características, uma vez que precisa responder às mudanças da sociedade. Jacques Delors preconiza que a educação, em geral, [...] para poder dar resposta ao conjunto das suas missões, deve organizar-se em torno de quatro aprendizagens fundamentais que, ao longo da vida, serão, de algum modo, para cada indivíduo, sobretudo para os professores, os pilares do conhecimento, quais sejam: aprender a conhecer, isto é, adquirir os instrumentos da compreensão; aprender a fazer, a fim de agir sobre o meio envolvente; aprender a viver juntos, a fim de participar e cooperar com os outros em todas as atividades humanas; finalmente aprender a ser quem representa o domínio dos conhecimentos em áreas específicas. É claro que essas quatro vias do saber constituem apenas uma, dado que existem entre elas múltiplos pontos de contato, de relacionamento, de permuta (DELORS et al., 2001, p. 89-90).

Entendo a formação como um processo contextualizado que se constrói nas trajetórias da escolarização, nas vivências, nas trocas de experiências ao longo da vida que nos torna um constante aprendiz, em permanente transformação e em construção de nossa identidade e subjetividade. Tal concepção faz com que eu acredite que se deva superar o conceito de formação baseado no prisma da racionalidade técnica a qual era entendida como um repasse, uma transferência de conhecimentos ou simples preparação do docente para desempenhar determinadas tarefas, geralmente planejadas por técnicos ou especialistas em educação.

Neste capítulo são apresentadas algumas reflexões sobre o percurso profissional de uma educadora, se analisa propostas de especialização e de mestrado profissional em Educação de Jovens e Adultos com os avanços e os desafios e expõe narrativas autobiográficas de professores de adultos frente à prática pedagógica em seu contexto social.

Algumas reflexões sobre o percurso profissional

As minhas experiências com a docência em educação de adultos, no âmbito universitário, remontam ao ano de 1997, quando lecionei a disciplina "Educação Não Formal", cuja ementa tratava da temática da EJA no curso de Pedagogia que funcionava na antiga Faculdade de Educação do Estado da Bahia (Faeeba), hoje transformada em Departamento de Educação, o qual se constitui em um dos vinte e nove departamentos da Universidade do Estado da Bahia (Uneb).

Venho desenvolvendo também no Curso de Pedagogia, na Uneb, disciplinas e atividades que propiciam a vivência do aluno com experiência diversificada em educação de adultos e a elaboração de trabalhos práticos de conclusão de curso (TCC) e de monografias, cujos resultados, contribuições e reflexões podem ser aplicados, posteriormente, em classes de pessoas adultas.

A decisão de investigar acerca da educação de adultos se tornou definitiva para mim quando participei do II Encontro Internacional do Fórum Paulo Freire, em março de 2000, na Universidade de Bolonha, na Itália, onde se discutiu a temática *"Alfabetização em Paulo Freire, novas tecnologias e desenvolvimento sustentável"* (TELLERI, 2002). Tive a oportunidade de discutir e refletir acerca da alfabetização de adultos, sob o prisma de diferentes experiências educacionais que estavam sendo desenvolvidas em diversos países, e, a partir de variados olhares e perspectivas dos professores que expunham os seus relatos de experiência (DANTAS, 2002).

Esse encontro conseguiu reunir educadores, pesquisadores e estudiosos da Europa, do Canadá, dos Estados Unidos e de vários países da América Latina que, nos seus diferentes contextos, trabalham com a pedagogia freireana. As principais intenções eram de debater, discutir experiências, aprofundar e difundir os estudos e manter sempre vivas e atuais as ideias de Paulo Freire (TELLERI, 2002). A culminância desse fórum foi a assinatura de um documento, por todos os participantes, intitulado "Carta de Bolonha", que expressava as intenções de um movimento para a criação da Universitas Paulo Freire (Unifreire), abordando os princípios, pressupostos e a filosofia deste grande educador, bem como as propostas em educação apresentadas pelos educadores e outros profissionais em educação participantes do evento (DANTAS, 2002).

Nessa ocasião, apresentei a minha experiência no Brasil, notadamente na Bahia, sobre formação de professores para trabalhar na educação de adultos e pude confrontar as minhas inquietações com professores italianos, americanos, canadenses, latino-americanos, conscientizando-me de que a educação de pessoas adultas despertava interesse e preocupação em várias partes do mundo, tornando-se um tema da maior relevância na atualidade.

Tive a oportunidade de participar de três eventos, em 2006, sobre formação de educadores de jovens e adultos, sendo que nos dois primeiros como representante do Fórum de Educação de Jovens e Adultos do Estado da Bahia, a saber: o primeiro foi um Seminário Nacional realizado em Belo Horizonte, capital do Estado de Minas Gerais, promovido pela Universidade Federal de Minas Gerais, sobre a temática "A nova configuração da EJA e suas implicações para a formação dos educadores"; o segundo foi promovido pelo Fórum EJA do Brasil e realizado na Universidade Federal de Pernambuco, o qual se constituiu no VIII Eneja (Encontro Nacional de Educação de Jovens e Adultos), tendo como tema central "Política Pública de Estado: avaliação e perspectivas"; o terceiro evento, já como representante da Uneb, foi o Encontro do Fórum de Educação de Jovens e Adultos na Bahia, promovido para discutir e trocar experiências sobre a Educação de Jovens e Adultos, como ainda para conhecer, debater e propor formas de viabilizar o Plano Estadual de Educação para os próximos quatro anos. Em dezembro de 2012, participei do IV Seminário Nacional de Formação de Professores em Educação de Jovens e Adultos, onde se discutiu as políticas públicas de formação de educadores para esse segmento educacional. Estes eventos serviram para ampliar, atualizar os meus conhecimentos, reforçando a minha predisposição em continuar os meus estudos e a investigação que venho desenvolvendo sobre a formação de professores que atuam no segmento de Educação de Jovens e Adultos.

Vale ressaltar a minha contribuição no surgimento do Fórum EJA Bahia, o qual foi criado objetivando contribuir para a redução do analfabetismo total e funcional na Bahia. Esse coletivo vem-se consolidando como um espaço público, aberto, permanente de articulação entre entidades públicas e privadas, organizações governamentais e não governamentais, que atuam como demandantes ou como gestoras da Educação de Jovens e Adultos. O referido encontro do Fórum na Bahia, promovido em julho de 2006, serviu para debater a conjuntura nacional e estadual das políticas de formação de professores em EJA, como também para socializar e divulgar experiências que estão sendo realizadas nos vários municípios baianos e as principais ações a serem implementadas pelo Fórum durante os próximos anos.

Ainda no âmbito estadual, pode-se acrescentar a minha participação, como representante da Uneb, nas reuniões e discussões para implantação do Fórum de Educação de Jovens e Adultos da Bahia, que conta, atualmente, com a representação da Universidade Federal da Bahia, das quatro universidades estaduais, da Secretaria Estadual de Educação, da Secretaria Municipal de Educação, de instituições do Sistema "S" de ensino público, de Organizações Não Governamentais e de algumas instituições privadas. Essa iniciativa vem proporcionando, desde o ano de 2000, uma discussão ampla acerca dos programas, projetos e principais ações sobre Educação de Jovens e Adultos, que vêm sendo realizadas no Estado da Bahia.

As minhas reflexões e os meus conhecimentos sobre os professores de adultos foram reforçados e enriquecidos no curso de doutorado em educação, durante o período de 2002 a 2009, quando desenvolvi na Espanha uma tese sobre a formação de professores em EJA, tendo como foco de investigação professores que atuavam em dois programas de extensão para alfabetizar jovens e adultos, e professores do ensino regular noturno que detinham uma especialização na área de estudo (DANTAS, 2009).

A trajetória profissional e acadêmica vem-me oportunizando o aprendizado acerca da educação de adultos nos seus variados aspectos teóricos e práticos. Esse breve relato me permitiu efetuar algumas análises e reflexões acerca do vivenciado, ao assumir diversos papéis, tais como o de educadora de adultos, o de coordenadora de curso de especialização, o de alfabetizadora em programas governamentais, o de assessora de programas de ensino, o de conselheira na área de educação, o de docente universitária, o de pesquisadora na área de Educação de Jovens e Adultos e o de estudante de doutorado em educação.

Por aderir à proposta do governo de investir no aperfeiçoamento dos professores licenciados em cursos universitários, sobretudo na área de Pedagogia, é que resolvi criar o *curso de especialização em educação básica de jovens e adultos*, o qual começou a funcionar em meados de 1998, no Departamento de Educação da Uneb, sendo em parte financiado pelos próprios alunos, além de receber ajuda financeira do governo federal, através da Coordenação de Aperfeiçoamento de Pessoal do Ensino Superior (Capes), com verbas aprovadas no âmbito do Projeto Nordeste de Pesquisa e Pós-Graduação (PNEPG) (DANTAS, 1998).

Esse curso visava propiciar aos alunos uma formação consistente em metodologia específica para atuarem no ensino-aprendizagem para jovens e adultos e instrumentalizar os estudantes para a investigação científica e pedagógica nessa área de estudo e de trabalho.

A especificidade da Educação de Jovens e Adultos

A Educação de Jovens e Adultos, que ao longo da história brasileira sempre esteve relegada ao patamar de marginalização, concebida ora como ensino supletivo para suprir carências de escolarização, ora como educação compensatória, agora, mediante a legislação, sobretudo a Lei de Diretrizes e Bases da Educação Nacional de 1996 (Ldben), passa a ser regida por normas e diretrizes governamentais, constituindo-se um processo regular de escolarização, devendo respeitar-se a sua natureza e especificidade, adquirindo relativa importância e direito social.

Nessa direção, Haddad e Di Pierro (1999) salientam que a educação de adultos sempre compreendeu um conjunto bastante diversificado de *processos e práticas formais e informais* relacionadas com a aquisição ou a ampliação de conhecimentos básicos, de competências técnicas e profissionais ou de habilidades socioculturais, desenvolvendo-se muito desses processos em ambientes fora da escola, como, por exemplo, na família, nos sindicatos, no trabalho, na igreja ou em instituições religiosas, nos espaços de lazer etc.

Verifica-se, através da leitura da legislação, que existia uma preocupação com a formação dos professores que atuam na educação de adultos, a exemplo do Plano Nacional de Educação (BRASIL, 2001) que estabelecia como meta garantir que, dentro de cinco anos, todos os professores em exercício nesta modalidade educativa possuam habilitação de nível médio, adequada às características, necessidades e interesses de aprendizagem do aluno adulto.

Confirmando essa preocupação, no âmbito governamental, o Plano Estadual de Educação, para o ano de 2006, estabelece, entre as suas diretrizes para a qualificação do pessoal docente, "uma formação profissional que assegure o desenvolvimento da pessoa do educador [...] o domínio dos conhecimentos, e de métodos pedagógicos que promovam a aprendizagem" (BAHIA, 2006).

Reforçando essa constatação, o Parecer 11/2000 do Conselho Nacional de Educação, aprovado pela Câmara de Educação Básica, que é um dos textos que regulamenta as diretrizes curriculares para a Educação de Jovens e Adultos (EJA), recomenda (no item VIII) que a formação docente deve ser uma formação continuada em serviço, voltada para a complexidade diferencial dessa modalidade de ensino, sob a forma de curso de especialização, ou seja, em nível de pós-graduação, como um aperfeiçoamento profissional em uma determinada área. Essa recomendação é reforçada por Soares (2002, p. 18), quando ressalta que "o preparo de um docente voltado para a EJA deve incluir, além das exigências formativas para todo e qualquer professor, aquelas relativas à complexidade diferencial dessa modalidade de ensino".

O referido documento enfatiza a questão do direito como eixo central das diretrizes, estabelecendo em EJA *a função reparadora*, que resgata o direito à educação básica e que não foi assegurado na idade adequada, *a função equalizadora* que, para reparar esse direito, deve-se ofertar mais a quem recebeu menos, permitindo fazer-se justiça para quem evadiu ou foi expulso da escola por razões sociais, econômicas, históricas etc., e *a função qualificadora* dando oportunidade ao aprender durante toda a vida. Preconiza ainda que a formação dos profissionais em educação deva atender aos objetivos de diferentes níveis, modalidades de ensino e observar as características de cada fase de desenvolvimento do educando, entendendo-se que essa formação deve ser adequada no que concerne ao educador de adultos, atendendo-se às exigências legais e formativas.

Na atualidade, o primeiro aspecto a ser destacado é que não existe uma formação específica, obrigatória, para o educador de jovens e adultos efetuando-se uma formação inicial e uma formação continuada de profissionais em EJA a cargo dos Estados e Municípios, tendo como referência as Diretrizes Nacionais para o Ensino Fundamental e o Ensino Médio e as Diretrizes Curriculares Nacionais para a formação de professores. Soares (2002, p. 139) citando a Resolução CNE/CEB 1, datada de 3 de julho de 2000, com base nos Incisos I, II, III e IV, esclarece que essa formação inicial e continuada deve ter como apoio os seguintes elementos:

• Ambiente institucional com organização adequada à proposta pedagógica.

• Investigação dos problemas dessa modalidade de educação, buscando oferecer soluções teoricamente fundamentadas e socialmente contextuadas.

• Desenvolvimento de práticas educativas que correlacionem teoria e prática.

- Utilização de métodos e técnicas que contemplem códigos e linguagens apropriadas às situações específicas de aprendizagem.

O segundo aspecto a ser observado é que a prática da educação de adultos é construída no interior da própria sala de aula, ademais que os conhecimentos dos professores são originados a partir de sua visão pessoal, de sua experiência na carreira, de sua visão de mundo e de sociedade, da troca de informações e das interlocuções com os demais colegas de profissão, dos cursos de formação que participam, das interações que estabelecem com os alunos, do domínio da matéria que lecionam, entre outros fatores.

Destacando a heterogeneidade como uma característica definidora do educador de adultos Garcia Carrasco (1997, p. 73) argumenta sobre a necessidade de um trabalho específico e acrescenta que não se pode pensar num processo único e homogêneo de formação já que múltiplos profissionais que atuam em EJA devem especializar-se para uma prática otimizadora de uma educação de adultos. Ele argumenta ainda que não existe uma regulação específica de acesso profissional ao subsistema de educação de pessoas adultas, sendo essa uma consequência de não existir previamente nem uma especialização, nem uma habilitação, nem uma formação inicial universitária para o educador de adultos (p. 73).

Medina cita como exemplo da escassez de formação para o educador de adulto, o *deficit* existente nas universidades em Canárias afirmando que:

> Toda vez que la Educación de Adultos historicamente no ha formado parte ni de los currículos oficiales ni de las ofertas de ensenãnza no regladas. Ello significa que tradicionalmente venimos padeciendo un importante déficit en lo que a la formación del profesorado se refiere: practicamente la totalidad de los profesores que actualmente se dedican a la formación de personas adultas en Canarias han sido formados en la univeridad para educar a los niños (MEDINA, 1997, p. 95).

Arroyo (apud SOARES et al., 2005, p. 20), referindo-se à reconfiguração da Educação de Jovens e Adultos (EJA), afirma que, "além de se constituir como um campo de pesquisas e de formação, a EJA vem encontrando condições favoráveis para se configurar como um campo específico de políticas públicas, de formação de educadores, de produção teórica e de intervenções pedagógicas". Essa colocação, por um lado, demonstra a importância da área para a formação de educadores que irão atuar na Educação de Jovens e Adultos, e, por outro lado, pode significar também que a área vem sendo ampliada e enriquecida permitindo o avanço teórico, a pesquisa e as inovações pedagógicas.

A questão da especificidade da educação é muito bem-colocada por Miguel Arroyo quando expressa de maneira enfática que:

> A afirmação e defesa da especificidade do campo da educação e do seu trato profissional se dão em tempos em que os professores e as professoras têm maior segurança pelo fato de terem aumentado nestas décadas os níveis de qualificação em graduação e pós-graduação e por estarem passando por múltiplas formas de requalificação: cursos oficiais, congressos, conferências, oficinas, leituras, participação na ação sindical e nos movimentos sociais [...] (ARROYO, 2002, p. 23).

Além disso, para esse autor, faz parte dessa reconfiguração a necessidade emergente de se constituir "um corpo de profissionais educadores(as) formados(as) com competências específicas para dar conta das especificidades do direito à educação na juventude e na vida adulta" (ARROYO, 2002, p. 21). Essa afirmação reforça a necessidade de uma formação específica do educador e/ou do alfabetizador de jovens e adultos para atuarem em programas, projetos educacionais, mesmo que temporários, como também no ensino regular em EJA.

Concordo com Popkewitz (1995, p. 40) quando enfatiza que "é necessário que os professores adquiram maiores competências em relação ao desenvolvimento e à implementação do currículo, pois as sociedades modernas exigem práticas de ensino que valorizem o pensamento crítico, a flexibilidade e a capacidade de questionar padrões sociais, isto é, requisitos culturais que têm implicações na autonomia e responsabilidade dos professores".

Entendo que as faculdades e os departamentos de Educação deveriam criar cursos de graduação, em nível de licenciatura e de pós-graduação, em nível de especialização, cursos para dar conta dessa formação específica em EJA, reformulando-se as políticas educativas das instituições de ensino.

Nessa direção, a Profa. Jane Paiva no relato de sua experiência na Faculdade de Educação (Uerj) acerca da implantação de cursos de graduação em Pedagogia, que contemplem concepções e movimentos pela formação do pedagogo para atuar na Educação de Jovens e Adultos, lembra que:

> Também a produção acadêmica das diversas linhas de pesquisa internas à Faculdade de Educação apontava perspectivas de formação que punham em cheque as concepções curriculares, as dimensões formativas do professor, e exigiam uma qualificação do pedagogo que incluía seu estar/fazer/transformar o mundo, entendido pela ação cultural que se exerce sobre a realidade (PAIVA, 2006, p. 53).

Essa questão ainda desperta muita polêmica, pois alguns educadores entendem que não há necessidade de uma formação específica em EJA, mas que se pode efetuar um trabalho de transversalidade em que possa aparecer a matéria "educação de adultos" ou outras matérias afins como parte do currículo em diferentes cursos, priorizando-se, nesse caso, uma formação geral em educação. Há casos de experiências exitosas mediante trabalhos de formação continuada de professores sob a forma de extensão, onde esta tem sido o espaço de formação dos educadores de jovens e adultos, tendo por base os princípios político-pedagógicos de Paulo Freire (ANGELIM, 2006).

Soares (2006, p. 11) comenta essa orientação ao dizer que "[...] deve-se considerar a possibilidade de *transversalizar* a construção de uma compreensão dos jovens e dos adultos – alunos e alunas de EJA – como sujeitos da aprendizagem, inserindo nas ementas das disciplinas, ou em disciplinas específicas, ao longo dos currículos, a abordagem de questões relativas à formação do educador de jovens e adultos".

A formação do educador de jovens e adultos está a exigir "estratégias políticas mais plurais" que não pode limitar-se a momentos esporádicos de formação, mas que precisam incluir tramas mais complexas, "processos de constituição, de reprodução e de transformação", como exalta Arroyo (2002, p. 199). A especifidade da educação de adultos foi aqui reafirmada na direção de salientar o respeito à diversidade cultural, às diferenças e às características peculiares da população que procura a EJA e que necessita adquirir a sua escolaridade básica. Com base nas ideias de autores como Arroyo, Soares, Angelim e Paiva, a necessidade de uma formação específica para o educador de jovens e adultos é reforçada podendo assumir diversas formas de qualificação.

Por considerar a especificidade da Educação de Jovens e Adultos é importante resgatar na história da Uneb duas experiências de formação bastante significativas que podem servir de referência para outras iniciativas em nível estadual ou até mesmo regional.

Análise das experiências formativas em EJA

A formação de profissionais para atuar na Educação de Jovens e Adultos deve atentar para a diversidade da clientela formada por jovens e adultos com diversos interesses, observando as suas demandas, as suas peculiaridades, as suas diferenças culturais, as suas experiências de vida, os seus percursos históricos, os seus saberes, as suas características específicas, considerando-os como sujeitos históricos e atores sociais.

Com base nesses princípios, foi proposto, em 1998, um curso de especialização em educação básica de jovens e adultos, no qual atuei como coordenadora e como docente durante seis anos, tendo como ponto de partida a experiência dos educandos, utilizando-se como um dos princípios pedagógicos a reflexão sobre a prática dos professores, por acreditar como António Nóvoa (1995, p. 30) que "a formação implica a mudança dos professores e das escolas, o que não é possível sem um investimento positivo das experiências inovadoras que já estão no terreno". Acreditando também como Freire (1999, p. 51), que "nenhuma formação docente verdadeira pode fazer-se alheada, de um lado, do exercício da criticidade que implica a promoção da curiosidade ingênua à curiosidade epistemológica e, de outro, sem o reconhecimento do valor das emoções [...]" é que foi implantado este curso de pós-graduação no Departamento de Educação-Campus I, valorizando os aspectos emocionais, a afetividade, os sentimentos, a sensibilidade dos alunos.

Dentre os cursos de pós-graduação, que deram suporte ao curso de Mestrado em Educação e Contemporaneidade, encontra-se esse curso de especialização em educação básica de jovens e adultos que objetivava estudar as tendências atuais na educação de adultos, como também propiciar uma formação consistente em metodologia específica para que professores mais qualificados pudessem atuar na área de Educação de Jovens e Adultos. Oportunizava, por conseguinte, a formação de educadores críticos e comprometidos com uma educação democrática, capacitando profissionais para intervirem decisivamente na reversão do quadro de exclusão.

Na verdade, a análise desse curso demostra que já foram incluídos no mercado de trabalho diversos profissionais, especializados em EJA, familiarizados com a pesquisa nessa área, os quais poderão ministrar aulas como professores na etapa da alfabetização, ou nas etapas subsequentes da educação continuada, desenvolver atividades pedagógicas e pesquisas e, ainda, poderão atuar como gestores na Educação de Jovens e Adultos.

Esse curso se constitui numa ação pioneira no Estado da Bahia, sendo o único a formar professores em nível de pós-graduação, atendendo à legislação educacional, pois o Parecer 11/2000 do MEC, que regulamenta as Diretrizes Curriculares para EJA, recomenda a articulação entre os sistemas de ensino e as instituições educacionais para a formação em serviço dos professores sob a forma de cursos de especialização (SOARES, 2002, p. 18).

A criação desse curso deixa antever a discordância com a atuação de professores em EJA, em qualquer função, sem a devida qualificação, concordando com a afirmativa de Soares (2006, p. 58) que "a Educação de Jovens e Adultos nem sempre foi reconhecida como uma modalidade educativa que requer um profissional adequado para o seu exercício".

Face à precariedade da oferta de cursos nessa modalidade, essa iniciativa vem atender parte da demanda por qualificação em EJA, inserindo-se entre os processos de intervenção pedagógica que visam melhorar a formação do professor e, segundo a opinião de Paiva (2004), a Educação de Jovens e Adultos se constitui em uma alternativa importante para se exercer práticas de cidadania, considerando-se que:

> Os processos de intervenção pedagógica realizados com sujeitos, jovens e adultos, de qualquer nível de escolaridade, originados para fins diversos, partem da concepção de que a aprendizagem é a base do estar no mundo de sujeitos, que por esses processos educativos respondam melhor às exigências de: produzir a existência (pelo trabalho); produzir suas identidades (de gênero, de classe, de categoria profissional, etárias etc., tanto individuais quanto coletivas); exercer a democracia, constituindo práticas cotidianas de participação e de resistência como formas de viver a cidadania; participar das redes culturais e sociais que envolvem o código escrito e que definem, em suas sociedades grafocêntricas, o ser cidadão e o exercer a cidadania (PAIVA, 2004, p. 8-9).

Essa proposta de especialização se inseriu em um período de grande efervescência concernente à política pública em EJA, havendo muitas discussões, muitos encontros, a revisão das diretrizes curriculares, a reavaliação dos programas e projetos, muitos questionamentos sobre a prática educativa, o que vem gerando um repensar sobre o papel e a formação dos professores e muita reflexão sobre os destinos da Educação de Jovens e Adultos.

Esse curso, oferecido de forma regular pela Uneb, propunha, entre outros objetivos, "analisar criticamente as tendências atuais e as inovações pedagógicas na área de educação básica de jovens e adultos, potencializando uma compreensão ampla dos problemas e das limitações existentes nessa área de trabalho educativo", como destaca Dantas (1998, p. 4). O eixo norteador desse curso tem sido a pesquisa, entendida como "princípio científico e educativo [...], como diálogo transformador que orienta o processo político de conquista, de construção, de criação que depende da qualidade política dos pesquisadores no contexto da respectiva sociedade" (DEMO, 1997).

Com a perspectiva de melhorar a qualidade da formação dos professores, principalmente os que atuam na educação básica, foi criado no Departamento de Educação-Campus I, o Programa de Pós-Graduação em Educação de Jovens e Adultos, em nível de mestrado profissional, aprovado e recomendado pela Capes, em novembro de 2012.

O Programa de Mestrado Profissional na área da Educação de Jovens e Adultos vem oportunizando para os professores/cursistas espaços para o enriquecimento cultural, científico, histórico, ampliação de conhecimentos e troca de saberes, indo ao encontro de aspirações profissionais desse coletivo. Tem como objetivo geral a qualificação profissional de recursos humanos com capacidade científica, didático-pedagógica, técnica, política e ética para atuar no ensino, na pesquisa, na extensão e na gestão na área da Educação de Jovens e Adultos, atendendo às peculiaridades desse campo e aos novos paradigmas educacionais para essa área.

Dentre os objetivos específicos desse programa, destacam-se os seguintes:

a) Apreender, por meio da pesquisa, as implicações das políticas públicas relativas à Educação de Jovens e Adultos;

b) Identificar e compreender as políticas educacionais relativas à Educação de Jovens e Adultos;

c) Pesquisar a Educação de Jovens e Adultos em suas especificidades curriculares e metodológicas;

d) Formar profissionais nas áreas do ensino e da gestão para atuar na Educação de Jovens e Adultos;

e) Compreender a importância da articulação teoria-prática para subsidiar a prática educativa para jovens e adultos;

f) Fortalecer a pesquisa e a extensão na EJA, referenciadas na construção de metodologias e recursos adequados à Educação de Jovens e Adultos.

g) Assessorar a rede pública de ensino estadual e municipal no enfrentamento das dificuldades e obstáculos da Educação de Jovens Adultos;

h) Oferecer cursos de formação continuada na área de Educação de Jovens e Adultos;

i) Articular a tríade ensino-pesquisa-extensão em todo desenvolvimento teórico e prático do currículo (Uneb/Dedc-I, Proposta de Mestrado Profissional em Educação de Jovens e Adultos, 2012).

Observa-se que há uma nítida preocupação com a formação continuada dos professores/cursistas, expressa nos objetivos formulados na proposta que nos lembra de Imbernón (1994) ao enfatizar a necessidade da formação permanente do professorado de todos os níveis, como uma condição imprescindível para evitar a "rotinização profissional".

Concernente à estrutura, a proposta do curso está organizada em três áreas de concentração que se desdobram em várias linhas de pesquisa, quais sejam: Educação, Trabalho e Meio Ambiente; Formação de Professores e Políticas Públicas; Gestão Educacional e Novas Tecnologias, certamente por acreditar que essas temáticas fazem parte do universo das pesquisas e das propostas em EJA que circulam nos vários ambientes acadêmicos.

A área de concentração em **Educação, Trabalho e Meio Ambiente** trata de questões relacionadas à histórica lacuna das políticas públicas na educação brasileira: as consequências do analfabetismo para a constituição das relações sociais e ambientais no seio das comunidades; a ausência da educação básica como fator de exclusão social. Visa estudar a qualidade da formação dos recursos humanos na Bahia no contexto da globalização das habilidades para o mundo do trabalho, pesquisando a relação educação, trabalho e meio ambiente, eixo norteador para a formação de professores.

A área de concentração **em Formação de Professores e Políticas Públicas** deve contemplar os saberes característicos da docência, da pesquisa e da extensão em Educação de Jovens e Adultos, as especificidades dessa modalidade, tratando de questões interligadas com as competências e habilidades básicas do profissional em EJA e as experiências inovadoras que assegurem um bom desempenho do cursista e a efetiva qualificação para o mercado de trabalho.

A área de concentração **em Gestão Educacional e Tecnologias da Informação e da Comunicação** abrange os estudos sobre gestão educacional em EJA e as novas tecnologias, observando os limites e as possibilidades da inovação pedagógica na ação dos gestores de EJA e a disseminação do conhecimento por meio das novas tecnologias, analisando, assim, as modalidades de gestão em EJA, destacando a gestão participativa e democrática, estabelecendo vínculos entre a organização do trabalho, a organização social, política e econômica na gestão de EJA, investigando a organização da escola e as políticas de gestão de EJA no Brasil e na Bahia, problematizando impactos das políticas educacionais no cotidiano da vida escolar e nas identidades dos atores escolares de EJA.

Dentre as disciplinas nucleares do curso, destaca-se "Fundamentos filosóficos e históricos da Educação de Jovens e Adultos", que tinha como um dos objetivos principais o de estudar os movimentos sociais sobre a educação de adultos que se desenvolveram na década de 1960, identificando e analisando suas matrizes ideológicas e discursivas, seu contexto histórico, suas características organizacionais e as ações desenvolvidas desde seus momentos iniciais até o presente. Há um enfoque no histórico da expansão da educação básica no Brasil em confronto com o contexto contemporâneo e as políticas para formação de docentes, uma atenção às especificidades da EJA, às recomendações das Organizações Internacionais, a complexidade e os desafios do mundo do trabalho e a histórica concepção de cidadania.

Empregam-se diversas estratégias metodológicas, a saber: exposições participadas ministradas pelos professores; leitura e análise de textos de autores nacionais e estrangeiros importantes para compreensão dos assuntos tratados; apresentação de trabalhos científicos como artigos, resenhas, ensaios como trabalhos solicitados aos alunos nas disciplinas cursadas; preparação de seminários interdisciplinares por docentes e cursistas como forma de culminância das disciplinas; organização de vivências para troca de experiências e discussão de temas relacionados com o curso; consultas às bibliotecas, institutos de ensino, núcleos e centros de pesquisa para levantamento de dados, informações, leitura de livros e revistas educativas; utilização de novas tecnologias educacionais como ferramentas de ensino indispensáveis na coleta e organização de dados e informações requeridas no desenvolvimento do curso; realização de oficinas virtuais, criação de blogs educativos sob a orientação dos docentes; promoção de seminários e palestras com a participação de professores de renomado saber pertencentes às instituições nacionais e estrangeiras, acerca de temáticas relacionadas com as disciplinas e áreas de concentração do curso; realização de pesquisas aplicadas acerca da prática pedagógica de professores; seminários temáticos organizados pelos alunos e elaboração de dissertação sob a orientação de docentes do curso.

Algumas linhas de pesquisa se destacam na proposta pedagógica, que servem para nortear os projetos de pesquisa dos estudantes e se situam em temáticas como formação de professores, políticas públicas, meio ambiente, relação com o trabalho, docência online, desenvolvimento de tecnologias educacionais na educação, gestão escolar e EJA.

O desenvolvimento do trabalho pedagógico mediante as disciplinas do curso, as estratégias pedagógicas, os seminários e palestras vem proporcionando aos alunos:

• Identificar e explorar temáticas acerca de problemas relevantes da realidade educacional, relacionada com as demais práticas sociais e culturais.

• Criar espaço de discussão acadêmica sobre a Educação de Jovens e Adultos na Bahia, no Brasil e no mundo.

• Aprofundar conceitos e princípios inerentes aos diversos conteúdos e teorias trabalhadas no curso a partir de múltiplas referências, diferentes olhares e prismas epistemológicos.

• Fomentar propostas de intervenção na realidade no sentido de diagnosticar problemas e apontar soluções e estratégias de mudança.

• Desenvolver pesquisa educacional acerca de temas específicos em EJA visando conhecer, melhorar e transformar a Educação de Jovens e Adultos.

Essas propostas concebem a educação para esses usuários como um enriquecimento e uma recuperação de oportunidades educacionais e profissionais, de aspirações culturais para um importante segmento populacional, excluído do mercado formal da economia. Nessa perspectiva, Di Pierro (1991) alerta que as constituições estaduais vêm afirmando a necessidade e as obrigações do setor público para com a educação fundamental de jovens e adultos; muito embora tenha o favorecimento da legislação, o que se constata é que as políticas educacionais na Bahia não vêm sofrendo grandes alterações, na direção de melhorar a oferta em EJA e o funcionamento de cursos regulares nessa área.

Os profissionais que lidam com a educação de adultos, geralmente, carecem de uma formação teórica mais consistente, que os faça identificar as concepções acerca da origem e evolução do conhecimento, do papel do ensino, da aprendizagem do professor e do aluno que subjaz a sua prática pedagógica. Necessitam de uma formação específica a partir de um aprofundamento teórico das ciências, relacionadas com a educação e com os conteúdos e metodologias inerentes a cada área curricular.

A proposta do mestrado profissional partiu da experiência dos educandos, utilizando como um dos princípios pedagógicos a indagação – reflexão acerca da própria prática desses, incentivando a mudança das práticas educativas, uma vez que a maioria dos cursistas era professor da rede pública, reafirmando a orientação de Nóvoa (1995, p. 30) de que "a formação implica a mudança dos professores e das escolas".

As expectativas do alunado, frente ao curso, se concentram em adquirir subsídios para futuras aprendizagens, como também para desenvolver projetos e programas de ensino com alunos adultos, e, ainda, em oportunizar a informação e a discussão de outros projetos sociais, em aprofundar conhecimentos e conteúdos significativos na compreensão do atual contexto político e social, em conhecer como a educação de adultos vem se processando, historicamente, no âmbito da administração pública.

Vem contribuindo para o educador respeitar a cultura do aluno analfabeto ou com precário nível de escolarização, potencializando uma melhor qualificação do(a) educador(a) de adultos para trabalhar com a diversidade cultural, a favor da superação da exclusão social e, ainda, desenvolver competências básicas para esse(a) profissional atuar na Educação de Jovens e Adultos.

A implantação de um mestrado profissional em EJA justifica-se, plenamente, face à necessidade de qualificar o professorado, de suplantar a dicotomia entre a teoria e a prática, de superar o conflito entre a formação dos educadores e a sua prática pedagógica, bem como de aliar a boa vontade a uma sólida competência técnica para ensinar aos jovens e adultos.

Propõe uma análise crítica das tendências atuais e das inovações pedagógicas na área de educação básica de jovens e adultos, visando possibilitar aos estudantes uma ampla compreensão acerca dos problemas, limitações, dificuldades e lacunas existentes nesta modalidade educativa.

Baseando-se em pesquisas que realizei e na minha própria experiência docente, constato que, como campo epistemológico, a Educação de Jovens e Adultos é marginalizada ou colocada em segundo plano no currículo dos cursos de Pedagogia e nas licenciaturas de formação de professores para as diversas áreas de conhecimento, provocando uma importante lacuna na formação inicial de professores que poderão atuar (às vezes já atuam) na modalidade da EJA.

A experiência de formação em EJA vem abordando vivências tecidas em diversos cotidianos que foram compartilhadas pelos professores e cursistas, situações vividas em diferentes momentos da história de vida desses sujeitos, o que provocou um entrelaçamento de relações, uma troca de experiências e uma atualização de conhecimentos sobre a área. Por meio desse trabalho pedagógico, pude ver confirmadas as imagens que Tardif e Lessard (2005, p. 44) expressam sobre a docência, como uma "atividade marcada pelas interações humanas", pelos "saberes oriundos da experiência", "enraizados na vivência profissional".

A docência para esses autores deve ser um trabalho regido pela flexibilidade, comporta ambiguidade, incertezas, no que eu também compartilho, uma vez que depende de escolhas, das experiências e vivências de cada educador.

Entendo que uma práxis consistente é aquela que contribui para formar o professor reflexivo, como nos ensina Schön (1995), e que, apesar de propostas de extensão e de especialização em EJA, se faz necessário algumas mudanças e ajustes para atender às expectativas por qualificação e às novas exigências que os sistemas educacional e social estão demandando e aos novos interesses do alunado.

Apesar desse panorama de discussão e de realização de importantes eventos educacionais, o sistema educacional no Brasil e, consequentemente, na Bahia, ainda não tem permitido a inclusão na educação de grande parte das comunidades populares, o que potencializa a demanda para a EJA. Historicamente, ações interativas entre a universidade, a Secretaria de Educação e o governo federal vêm tentando reverter esta situação tão adversa.

Narrativas autobiográficas e formação do professor

As escritas autobiográficas vêm sendo utilizadas com êxito nos contextos formativos de professores, principalmente nos cursos de formação continuada, também nos processos formativos em EJA, por proporcionarem a reflexão, a análise, os questionamentos acerca de experiências vivenciadas no cotidiano, dando visibilidade aos saberes da docência; como afirma Josso (2004, p. 30), a narração provoca a reflexão e, "se essa reflexão estiver integrada com uma das formas de atenção consciente, é possível intervir na formação do sujeito de maneira mais criativa, conseguindo um melhor conhecimento dos seus recursos e objectivos" [sic]. As autobiografias vêm ainda ocasionando a revisão da prática educativa, ajudando na reflexão da ação que se realiza em salas de aula ou em espaços educativos.

Concordo com Bolívar y Fernández (2001, 2013) que a investigação biográfico-narrativa pode ser vista como uma área de estudo da investigação interpretativa, além de ser uma metodologia específica, tanto de coleta como de análise de dados, situa-se num espaço mais amplo, de acordo com determinadas orientações e posições atuais no pensamento (hermenêutica, filosofia moral comunitária, tendências pós-modernas), constituindo-se num enfoque e numa perspectiva própria. Essa modalidade de investigação procura entender os fenômenos sociais (principalmente os educativos) como "texto", cujos valores e significados vêm sendo atribuídos pela autointerpretação que os sujeitos investigados fazem de sua própria prática. Pode também ser uma fonte verdadeira de construir conhecimento na investigação educativa.

As narrativas permitiram entender como os professores vivenciaram suas experiências de ensino, como também possibilitaram visualizar projetos de desenvolvimento e de mudança para o futuro. A legitimidade do enfoque narrativo e autobiográfico na investigação resulta de que em lugar de explicar "causalmente" a prática escolar, colocando os docentes como totalmente dependentes da estrutura social e educacional, emerge como uma perspectiva teórico-metodológica, que entende o ensino como um relato em ação, onde o autor (o professor) exerce um papel de primeira ordem (BOLÍVAR & FERNÁNDEZ, 2001, p. 16).

A Pesquisadora Marie-Christine Josso enfatiza a importância das narrativas (auto)biográficas em processo de formação, exigindo capacidades de compreensão e de interpretação do pesquisador, afirmando essa autora que "a situação de construção da narrativa de formação, independentemente dos procedimentos adotados, oferece-se como uma experiência formadora em potencial, essencialmente porque *o aprendente* questiona as suas identidades a partir de vários níveis de atividade e de registros" (JOSSO, 2004, p. 40). Entende ela que é uma experiência formadora porque serve para articular "saber-fazer e conhecimento", "técnicas e valores", mobilizando o que ela chama de *aprendizagem experiencial*, que implica colocar o sujeito numa prática subjetiva e intersubjetiva no processo de formação.

Para explicar o que entende por "*aprendizagem experiencial*", Josso (2004, p. 55) retoma o conceito de formação experiencial de René Barbier que considera como "o resultado de um acidente existencial em termos de irreversibilidade, irredutibilidade e de imprevisibilidade de uma situação vivida que nos mergulha na estranheza de um universo". Essa formação implica, para ele, uma reorganização do nosso sistema de referências existenciais dando um novo sentido às emoções e tendo um maior comprometimento com os outros e com o mundo. Segundo Josso (2004), a formação experiencial significa "a atividade consciente de um sujeito que efetua uma aprendizagem imprevista ou voluntária em termos de competências existenciais (somáticas, afetivas, conscienciais), instrumentais ou pragmáticas, explicativas ou compreensivas na ocasião de um acontecimento, de uma situação, de uma atividade que coloca o aprendente em interações consigo mesmo, com os outros, com o meio natural ou com as coisas, num ou em vários registros" (JOSSO, 2004, p. 55-56). Essa autora, apesar de reconhecer a contribuição de Barbier para a conceituação da formação experiencial, coloca que a sua própria formulação é mais ampla e completa, pois inclui a aprendizagem pela experiência e a experiência existencial, pressupondo uma transformação significativa da subjetividade e da identidade.

Vale lembrar que para Josso (2007, p. 16) "o trabalho de formação a partir de histórias de vida, efetuado na perspectiva de evidenciar heranças, continuidade e ruptura, projetos, recursos usados para aquisições de experiência etc., permite conhecer mutações sociais e culturais nas vidas singulares e relacioná-las com a evolução dos contextos profissionais e sociais". Entendendo a formação como uma *implicação da pessoa* (JOSSO, 2006) é que se procurou evidenciar os motivos, os interesses dos professores, formulados por eles próprios, como uma forma de interiorização de aprendizagens que se expressava nas suas narrativas sobre os percursos biográficos.

É relevante destacar que "em uma continuidade e globalidade dos processos de formação, as histórias de vida podem trazer consistência e legitimidade ao permitir compreender como cada adulto constrói sua própria formação em uma reaproximação da experiência passada" (NÓVOA & FINGER, 1988, p. 226).

De acordo com Nóvoa e Finger (1988, p. 117), "a abordagem biográfica reforça o princípio segundo o qual é sempre a própria pessoa que se forma e forma-se na medida em que elabora uma compreensão sobre o seu percurso de vida: a implicação do sujeito no seu próprio processo de formação torna-se assim inevitável. Desse modo, a abordagem biográfica deve ser entendida como uma tentativa de encontrar uma estratégia que permita ao indivíduo-sujeito tornar-se ator do seu processo de formação, através da apropriação retrospectiva do seu percurso de vida". A narrativa autobiográfica permite que os professores-atores olhando e revisitando o seu passado possam rever o seu processo de formação tomando consciência do seu percurso de vida e redirecionar a sua formação no presente, aproveitando as experiências passadas.

Souza (2006, p. 39) reforça esta afirmação de Nóvoa quando diz que "a utilização e vinculação das histórias de vida e, mais especificamente, da abordagem biográfica, como uma possibilidade de autoformação, evidenciam-se porque permitem colocar o sujeito numa posição de ator e autor do decurso da vida, através da narrativa de formação [...]". As narrativas inseridas em práticas autobiográficas oportunizam o que Josso (2004) denomina *aprendizagem experiencial*, e ajudam a compreender o processo de formação de conhecimento e de aprendizagem dos professores.

Recorro à definição que Francisca Pérez (2002, p. 18) toma emprestada de Lejeune (1975) para apresentar o conceito de autobiografia, ou seja: como um "*relato retrospectivo em prosa que una persona real hace de su própria existência, poniendo énfasis en su vida individual y, en particular, en la historia de su personalidad*". A autobiografia, portanto, pode ser um relato oral ou escrito que alguém faz de sua própria vida, quando conta as suas vivências para si mesmo ou para outro; em termos da literatura, pode ser um gênero literário escrito em prosa, que consiste na narração da experiência vivida pelo próprio ator social.

Por esse motivo é que o trabalho de investigação, do qual foi extraído o presente capítulo, se centralizou nas narrativas autobiográficas do percurso profissional de professores da EJA, alguns com especialização na área, envolvendo a formação inicial e a formação continuada, levando em consideração a subjetividade e a historicidade dos atores da pesquisa e propiciando a reflexão sobre a sua própria formação.

Questionados acerca da sua formação como professores, um dos atores sociais reafirmou a importância da especialização em Educação de Jovens e Adultos na sua narrativa autobiográfica, como se pode ver neste excerto:

> A especialização em EJA foi importante na minha formação por vários motivos: através do curso pude aprofundar os fundamentos técnico-pedagógicos, entender melhor a complexidade da educação sob a ótica das questões econômicas, políticas e socioculturais, e os desafios dos educadores na dialética da práxis pedagógica. Participei de seminários com temas sobre pesquisa-ação, analfabetismo e atitudes de Vera Masagão, construção do conhecimento matemático, LDB, políticas educacionais na alfabetização de adultos, aspectos sócio-históricos, epistemológicos e antropológicos, construção da história das ideias de Paulo Freire, dentre outros. Fiz também pesquisa de campo com entrevistas e análises de dados. Durante o curso formamos grupos de estudos para planejar projetos sobre educação e realizei, juntamente com outra colega, um trabalho voluntário de formação de cinco professoras alfabetizadoras de uma escola em Itapuã, lembrando sempre da importância da formação dos professores alfabetizadores com compromisso político e competência téc-

nica no desenvolvimento do processo de aprendizagem (Profa. Luciene).

Na ótica de resgatar a trajetória de formação do educador para trabalhar com a EJA outro entrevistado reafirmou a melhoria da prática e o enriquecimento no seu processo formativo a partir do curso de especialização em Educação de Jovens e Adultos, a saber:

> Quando fiz Pedagogia, já fiz na perspectiva de melhorar minha prática, na perspectiva de enriquecer o que eu fazia como educador popular, fui para universidade fazer o Curso de Pedagogia, quando eu fui para o curso de EJA, eu fui exatamente com a expectativa de que o curso também me desse instrumental para poder trabalhar nessa perspectiva de educador popular que é o que eu era, é o que eu sou; mas eu fui com muitas dúvidas, fui achando que tinha uma formação acadêmica distante da realidade, que não me proporcionaria verdadeiramente para eu trabalhar, era isso que eu esperava dele, melhorar minha qualidade de intervenção como educador popular, formador de jovens e adultos no movimento popular. No caso de movimento, na época movimento religioso, fiquei surpreso porque o curso propicia isso. O curso realmente é muito diversificado, ele apresenta a educação de adultos sob todas as perspectivas possíveis, e o que é melhor ele dá espaço para que você trabalhe como você queira, você direciona sua formação nessa direção, e o que aconteceu no curso de jovens e adultos foi o momento que eu mais pude aprofundar e me apropriar da prática do Suprecad, porque o curso permitiu isso (Prof. Sérgio).

Nas suas narrativas autobiográficas, os professores entrevistados reafirmaram a importância da formação continuada e do curso de especialização, como sendo a "base de tudo", que vem sendo "fundamental para garantir o trabalho pedagógico", "que vem ajudando bastante no trabalho com adultos", que vem servindo para melhorar a prática e enriquecer o trabalho que já vinha desenvolvendo, tornando-se uma estratégia fundante para a qualificação do professorado em EJA. Em trabalho similar com narrativas de professores, Carmen Pérez (2003, p. 179) confirma como é importante a formação continuada de professores salientando que "representa uma oportunidade de (re)criação da prática docente, pela definição (sempre provisória e permanente) das regras e objetivos, pela ampliação das aprendizagens individuais e coletivas e pela afirmação de ações que potencializam processos de mudança, latentes ou em curso".

Na opinião dos professores entrevistados a formação vem servindo para pontuar avanços, para potencializar aprendizagens, para sanar dúvidas e dificuldades no processo formativo dos educadores e para ajudá-los também no processo de aprendizagem dos seus educandos.

Conclusão

Neste capítulo, a formação em educação foi abordada com base em principais teóricos e nas narrativas dos professores que atuam na EJA, dando-se maior ênfase na formação continuada proporcionada pelos programas de extensão ou então pela realização de curso de especialização em Educação de Jovens e Adultos, sendo esta formação considerada pelos próprios entrevistados como decisiva e relevante para qualificar o professorado que trabalha com esse segmento.

A escassez de cursos no campo da EJA, tanto em nível de graduação como em nível de pós-graduação, limita e restringe atualmente a formação de professores e alfabetizadores apenas como formação inicial e/ou continuada no âmbito dos programas e projetos de extensão que apresentam uma série de limitações como carga horária reduzida, docentes sem a devida qualificação, falta de acompanhamento dos professores em suas práticas educativas, dentre outras.

A formação dos profissionais da EJA deve atentar para a diversidade da clientela formada por jovens e adultos, às suas peculiaridades, às suas diferenças culturais, às suas experiências de vida, às suas histórias, aos seus saberes, às suas características específicas, considerando-os como sujeitos históricos. Lembrando Paulo Freire (2001, p. 11) eu diria que "uma das tarefas do educador ou educadora progressista [...] é desvelar as possibilidades, não importam os obstáculos, para a esperança".

A Profa. Emília Prestes lembra também que no "marco da aprendizagem ao longo da vida e diante dos contingentes de analfabetos e desempregados é impossível planejar políticas públicas sem atentar para as necessidades de alfabetização aliadas à formação profissional capaz de possibilitar a participação no mundo do trabalho" (PRESTES, 2009, p. 190).

A educadora Maria Clara Di Pierro (2006, p. 282), sintetizando as contribuições do I Seminário Nacional de Formação de Educadores de Jovens e Adultos, realizado em Belo Horizonte, adverte sobre a EJA que "[...] se ela se definir como um campo plural de práticas educativas que não se esgotam na escola, e que se alimentam de um impulso emancipador, então a questão da especificidade se coloca de maneira decisiva para a formação dos educadores". A necessidade de uma formação específica por parte do professor torna-se assim evidente quando se trabalha com adultos ou com classes heterogêneas compostas por jovens, adolescentes e adultos.

Não resta a menor dúvida de que a prioridade com a educação básica de jovens e adultos, mediante a oferta de um curso de pós-graduação *stricto sensu*, é uma alternativa a ser retomada, pois vem sendo sustentada na Uneb por uma articulação entre ensino, pesquisa e extensão, de forma que cada um desses componentes pudesse ser dinamizador do outro, desempenhando um papel estratégico na missão educacional desta instituição, mediante o trabalho pedagógico articulado numa perspectiva interdisciplinar e em observância da legislação educacional, de maneira a fortalecer o desenvolvimento regional.

A análise compreensiva e interpretativa do percurso formativo desses(as) professores(as), subsidiada pelas narrativas autobiográficas, denota que as experiências formativas, vivenciadas nas suas trajetórias de vida, influenciam na sua atuação, contribuindo para o desenvolvimento pessoal e profissional desses agentes sociais, e para construir outro vir a ser na Educação de Jovens e Adultos.

A minha experiência educativa, juntamente com a investigação que desenvolvi sobre os professores de adultos, vem me propiciando, também, a reestruturação das práticas pedagógicas a partir de alguns questionamentos acerca das metodologias empregadas no ensino voltado para adultos, da discussão de temáticas e de estratégias metodológicas pertinentes em processos de formação de professores. Venho, juntamente com outros professores, apontando sugestões para a utilização de novas alternativas metodológicas, agregando novos enfoques na formação de professores que podem ser utilizados em escolas públicas que possuem classes regulares de ensino para jovens e adultos, como ainda em universidades e instituições de formação de professores visando assim atender às expectativas dos profissionais em educação e melhorar a qualidade do ensino público.

Referências

ANGELIM, M. "Extensão como espaço de formação de educadores de jovens e adultos". In: SOARES, L. (org.). *Formação de educadores de jovens e adultos*. Belo Horizonte: Autêntica/Secad-MEC/Unesco, 2006, p. 259-279.

ARROYO, M. *Ofício de mestre*: imagens e autoimagens. Petrópolis: Vozes, 2002.

BAHIA. *Plano Estadual de Educação da Bahia*. Salvador: Secretaria de Educação, 2006.

BOLÍVAR, A.; DOMINGO, J. & FERNÁNDEZ, M. *La investigación biográfico-narrativa en educación*. Madri: Muralla, 2001.

BRASIL. *Mapa do analfabetismo no Brasil*. Brasília: Inep, 2001.

DANTAS, T. *Professores de adultos*: formação, narrativa autobiográfica e identidade profissional. Barcelona: Universidad Autónoma de Barcelona, 2009 [Tese de doutorado].

_____. "Formazione specializzata degli educatori di giovani e adulti". In TELLERI, F. *Il Metodo Paulo Freire*: nuove tecnologie e sviluppo sostenibile. Bolonha: Clueb, 2002.

_____. *Proposta do Curso de Especialização em Educação Básica de Jovens e Adultos*. Salvador: Uneb, 1998 [mimeo.].

DELORS, J. (coord.). *Educação: um tesouro a descobrir* – Relatório para a Unesco sobre educação para o século XXI. Porto Alegre: Artmed, 2001.

DEMO, P. *A nova LDB*: ranços e avanços. Campinas: Papirus, 1997.

DINIZ-PEREIRA, J. "A construção do campo da pesquisa sobre formação de professores". *Revista da Faeeba* – Educação e contemporaneidade, vol. 22, n. 40, jul.-dez./2013, p. 145-154. Salvador: Uneb.

DI PIERRO, M.C. "Contribuições do I Seminário Nacional de Formação de Educadores de Jovens e Adultos". In: SOARES, L. (org.). *Formação de educadores de jovens e adultos*. Belo Horizonte: Autêntica/Secad-MEC/Unesco, 2006, p. 281-291.

_____. *A Educação de Jovens e Adultos na nova LDB*. São Paulo: Cedi [Paper, apresentado no Simpósio Nacional sobre a Lei de Diretrizes e Bases da Educação Nacional. Rio de Janeiro, 1991].

FREIRE, P. *Pedagogia da Esperança*: um reencontro com a Pedagogia do Oprimido. São Paulo: Paz e Terra, 2001.

_____. *Pedagogia da Autonomia*: saberes necessários à prática educativa. São Paulo: Paz e Terra, 1999.

GARCÍA CARRASCO, J. (coord.). *Educación de adultos*. Madri: Ariel Educación, 1997.

HADDAD, S. & DI PIERRO, M.C. *Satisfação das necessidades básicas de aprendizagem de jovens e adultos no Brasil*: contribuições para uma avaliação da Década da Educação para Todos [Texto subsidiário à exposição realizada no I Seminário Nacional sobre Educação para Todos: implementação de compromissos de Jontiem no Brasil. Brasília, promovido pelo MEC, 1999].

IMBERNÓN, F. *La formación del profesorado*. Barcelona: Paidós Ibérica, [s.d.].

JOSSO, M.-C. "Abordagem biográfica em situações educativas: formação de si". *Revista Presente!* – Revista de Educação, ano 15, n. 2, jun.-ago./2007, p. 14-21. Salvador: CEAP.

_____. "Os relatos de histórias de vida como desvelamento dos desafios existenciais da formação e do conhecimento: destinos socioculturais e projetos de vida programados na invenção de si". In: SOUZA, E. & ABRAHÃO, M.H. (orgs.). *Tempos, narrativas e ficções*: a invenção de si. Salvador: EDPUCRS/Eduneb, 2006.

_____. *Experiências de vida e formação*. Lisboa: Educa, 2004.

LEJEUNE, P. *Le pacte autobiographique*. Paris: Seuil, 1975.

LIBÂNEO, J.C. *Pedagogia e pedagogos, para quê?* São Paulo: Cortez, 1999.

MARCELO GARCIA, C. "A formação de professores: centro de atenção e pedra de toque". In NÓVOA, A. *Os professores e a sua formação*. Lisboa: Dom Quixote, 1995.

MEDINA, O. *Modelos de educación de personas adultas*. Barcelona: El Roure, 1997.

NÓVOA, A. *Os professores e a sua formação*. Lisboa: Dom Quixote, 1995.

_____. "As histórias de formação no Projeto Prosalus". In: NÓVOA, A. & FINGER, M. *O método (auto)biográfico e a formação*. Lisboa: Ministério da Saúde, 1988.

NÓVOA, A. & FINGER, M. *O método (auto)biográfico e a formação*. Lisboa: Ministério da Saúde, 1988.

PAIVA, J. "Concepções e movimentos pela formação de pedagogos para a Educação de Jovens e Adultos na Faculdade de Educação da Universidade do Estado do Rio de Janeiro". In SOARES, L. *Formação de educadores de jovens e adultos*. Belo Horizonte: Autêntica, 2006.

_____. "Educação de Jovens e Adultos: questões atuais em cenário de mudanças". In BARBOSA, I. & PAIVA, J. (orgs.). *Educação de Jovens e Adultos*. Rio de Janeiro: DP&A, 2004.

PÉREZ, C. *Professores alfabetizadores*: histórias plurais, práticas singulares. Rio de Janeiro: DP&A, 2003.

_____. *Una propuesta didáctica sobre la narración*: intercambiar vivencias y reconocerse en la escritura. Barcelona: ICE-Horsori/UB, 2002 [Cuadernos de Educación, 38].

POPKEWITZ, T. *Elementos para el estudio de la reforma educativa y la formación del profesorado*. Barcelona: ICE/Universitat de Barcelona, 1995.

PRESTES, E. "A relação entre Educação de Jovens e Adultos e as propostas de desenvolvimento na América Latina e Caribe: comentários a partir da VI Confintea". *Revista da Faeeba* – Educação e Contemporaneidade, n. esp., jul.-dez./2009, p. 187-196. Salvador.

SOARES, L. *Diretrizes curriculares nacionais* – Educação de Jovens e Adultos. Rio de Janeiro: DP&A, 2002.

SOARES, L. (org.). *Formação de educadores de jovens e adultos.* Belo Horizonte: Autêntica/Secad/MEC/Unesco, 2006.

SOARES, L.; GIOVANETTI, M. & GOMES, N. (orgs.). *Diálogos na Educação de Jovens e Adultos.* Belo Horizonte: Autêntica, 2005.

SCHÖN, D. "Formar professores como profissionais reflexivos". In: NÓVOA, A. (coord.). *Os professores e sua formação.* Lisboa: Dom Quixote, 1995.

SOUZA, E. *O conhecimento de si:* estágio e narrativas de formação de professores. Rio de Janeiro/Salvador: DP&A/Uneb, 2006.

TARDIF, M. & LESSARD, C. *O trabalho docente* – Elementos para uma teoria da docência como profissão de interações humanas. Petrópolis: Vozes, 2005.

TELLERI, F. (org.). *Il Metodo Paulo Freire:* nuove tecnologie e sviluppo sostenible. Bolonha: Clueb, 2002.

Uneb/DEDC-I – Proposta de mestrado profissional em Educação de Jovens e Adultos. Salvador, 2012.

4
Formação de professor no contexto das relações ambientais: contribuições de Paulo Freire

MARIA SACRAMENTO AQUINO[*]

Introdução

Este capítulo apresenta uma abordagem sobre a transversalidade das questões ambientais nos conteúdos da organização curricular para a formação de professores, com contribuições da concepção de educação desenvolvida por Paulo Freire. O trabalho em torno desse tema tem como motivação a demanda para a inserção dos problemas ambientais nas atividades curriculares das diferentes instâncias da educação escolar, com ênfase para uma organização curricular voltada para a inclusão social de jovens e adultos excluídos das atividades da educação regular.

Inicialmente apresenta uma apreciação do contexto, na perspectiva de evidenciar os desequilíbrios das relações ambientais, os quais justificam as recomendações e demandas para a implementação da educação ambiental nos currículos escolares. No desenvolvimento do texto instiga-se uma reflexão acerca da teoria e da prática nos procedimentos e estratégias do processo ensino-aprendizagem para com a clientela da EJA a partir de situações que refletem a manipulação do homem pelo próprio homem e seus reflexos nas relações ambientais.

---

[*] Profa. da Universidade do Estado da Bahia (Uneb). Doutora pelo Programa de Pós-Graduação em Educação da UFRN-Natal. E-mail: aquinomaria@yahoo.com.br Tel.: (71) 9107-5125, (71) 3356-3986.

Faz referências à prática da pesquisa como recurso pedagógico indispensável não só para a formação de professores, mas para a educação formal em seus diferentes níveis, norteada pelas contribuições da teoria de Paulo Freire. A concepção freireana referencia reflexões em torno de situações que têm contribuído para a degradação e o desequilíbrio ambiental na diversidade de contextos das relações sociais.

Nas considerações finais aponta alternativas para o currículo escolar, com foco na organização de políticas públicas para formação de professores em todos os níveis da educação, especialmente da EJA voltada para o segmento de oprimidos e excluídos no contexto das relações da organização social. Atenta para a superação de desafios na perspectiva da construção de conhecimentos produzidos com estratégias de pesquisa nas práticas pedagógicas para o equilíbrio das relações ambientais.

Contextualização da abordagem

A formação de professor nos últimos anos tem incorporado, a nível mundial, a urgência de uma inadiável mudança na organização curricular com conteúdos significativos para a formação de professores da EJA e demais segmentos da educação que proporcionem mudança de postura nas relações entre os seres humanos e destes com a natureza. As reflexões em torno de estratégias para os problemas do desequilíbrio no ambiente têm enfatizado a necessidade de reconhecimento de que homem e natureza fazem parte de um mesmo ecossistema, de um mesmo ambiente, portanto interdependente e indissociável nas relações cotidianas da sociedade.

As questões ambientais discutidas mundialmente desde as últimas décadas do século XX emergem de uma reflexão sobre a construção social do mundo, das implicações e origens da degradação ambiental. Entretanto, o nível dessas reflexões não alcançou ainda a população em um patamar capaz de produzir as mudanças desejadas. Em todos os níveis de escolaridade da população observa-se que a maioria não explicita o alcance de reflexão crítica focada na real situação em que o estágio da degradação ambiental exige.

Não se percebe um aprofundamento de análise em torno dos problemas, principalmente no que toca às concepções de educação e de sociedade que permeiam as entrelinhas dos discursos em defesa do ambiente. Geralmente não se identifica nos discursos provenientes da mídia, dos órgãos governamentais, das organizações internacionais, reflexão crítica quando estes apontam as causas para a urgência da união de todos, para as providências e medidas contra o risco de um colapso ecológico ambiental geral.

Identifica-se que a teoria e a prática da educação ambiental, sugerida aos currículos escolares, têm recebido apoio das diferentes correntes ideológicas. A Lei 9.795/1999, em sua composição, define que a Educação Ambiental seja componente essencial e permanente da educação nacional, "devendo estar presente, de forma articulada, em todos os níveis e modalidades do processo educativo, em caráter formal e não formal. Não ministrada como disciplina específica dos currículos, mas, sim, constituir uma prática educativa" (CUNHA, 2011, p. 594).

Entretanto, na prática, observa-se que o homem no manuseio dos recursos naturais tem desvirtuado, na essência, a relação de interdependência entre os seres vivos na Terra. De modo que, na realidade, reverter a atual situação não é tão simples, significa alterar todo o sentido de organização da história da humanidade, da construção das diferentes culturas, da ocupação desordenada do espaço territorial. Urge a desconstrução do tratamento e das relações que vêm se processando entre o ser humano e o restante da natureza, situação que representa um grande desafio para a geração presente.

Nesse contexto, os estudiosos do tema, os pesquisadores, têm registrado e vivenciado que, do discurso em defesa do ambiente até a efetivação na prática, da "mão na massa" existe um fosso de grande dimensão. Principalmente quando reconhecemos que o discurso tem representado um forte instrumento de poder e de realizações nas relações entre os homens. A questão está na definição dos interesses a quem o discurso está atendendo, a quem o conteúdo do discurso está direcionado no sentido de disseminar "verdades", "não verdades", "incertezas" e "certezas". Diante do panorama, das evidências, urge que os currículos de formação de professores, essencialmente para a especificidade da EJA, transversalizem as questões ambientais em suas atividades teóricas e práticas.

Reflexões em torno da teoria e da prática do discurso: um passo para a conscientização

A população brasileira tem convivido com as desigualdades sociais, enquanto os investimentos econômicos proliferam em áreas de produção e acúmulo de riquezas que jamais darão benefícios ao segmento dos oprimidos e excluídos. Cria-se assim, por exemplo, ambientes apropriados às invasões culturais que implicitamente subestimam o potencial de criatividade e de produtividade das pessoas em seus ambientes naturais. É, em situações concretas de alienação cultural, que faz-se necessário a organização curricular que desenvolva o potencial crítico e reflexivo do professor e em consequência dos demais protagonistas da educação, em específico da EJA, dos excluídos dos direitos ao acesso da educação considerada de qualidade no contexto da comunidade, de suas vivências.

Nesse sentido o papel da educação se traduz em um compromisso com a liberdade, com a formação para o exercício da cidadania, contra a exclusão. "E, precisamente porque o seu compromisso é com as massas oprimidas para que se libertem, não podem pretender conquistá-las, mas conseguir sua adesão para a libertação" (FREIRE, 1982, p. 196).

De modo que, para a reflexão em torno das questões ambientais, do trato com a natureza nas relações humanas, nos deteremos na observação quanto à clareza, à definição, à detecção, à explicitação dos discursos disseminados em defesa do ambiente. Questionando sempre se os discursos estão a serviço de quem detém o poder econômico, político e cultural, ou se realmente estão a favor e na defesa de mudanças de rumo da atual situação da degradação das relações ambientais. Degradação que envolve e atinge com mais profundidade os menos favorecidos, sem acesso aos bens públicos e privados.

Historicamente, o discurso tem sido utilizado em diferentes situações de comunicação entre os homens. Desde os primórdios, o homem tinha a necessidade de estabelecer relações, de exprimir sentimentos, sensações, e estes atos sempre foram explicitados através da linguagem. Na impossibilidade de se ter acesso ao funcionamento do pensamento humano, "é necessário contemplar todos os usos da linguagem se queremos entender tanto nossa forma de pensar quanto nossa forma de agir e a maneira como nos relacionamos com as pessoas" (IÑIGUEZ, 2005, p. 33). Vejamos a situação concreta no parágrafo seguinte.

A sociedade brasileira ainda vivencia discussões em torno da Cobrança Provisória sobre as Movimentações Financeiras (CPMF). Observando atentamente, ao tratar dessa questão pode-se detectar nas argumentações interesses bem distintas quanto ao destino das verbas oriundas deste imposto: os governantes no poder; a oposição ao governo; a população que depende dos serviços de saúde pública. Vale ressaltar que a CPMF era destinada a um socorro provisório, frente ao desequilíbrio no atendimento à saúde pública. Porém, se os discursos de cada segmento forem submetidos a análise e interpretações serão detectadas conotações e linguagens bem antagônicas.

Portanto, uma forte característica do que tem caracterizado a degradação e o desequilíbrio ambiental no mundo atual reside no conteúdo do discurso proveniente dos detentores do poder, cujo discurso, introjetado e cristalizado, acompanha as ações assistencialistas, funcionando como anestésico para as pessoas que não têm acesso a educação de qualidade, crítica e reflexiva. E, assim, "distraem as massas populares quanto às causas verdadeiras de seus problemas, bem como quanto à solução concreta desses problemas" (FREIRE, 1982, p. 177). Cabe à escola e ao professor organizarem o seu currículo escolar, aproveitando as contradições existentes nas estratégias da manipulação, problematizando-as para os alunos e para a comunidade na qual suas ações estão inseridas.

De modo que questionamos nessa abordagem o uso da linguagem e do discurso como instrumento de opressão, dominação e manipulação do homem contra o próprio homem. A tomada de consciência em relação à determinada situação passa pela análise do discurso. "O desafio a que a análise do discurso se propõe é o de realizar leituras críticas e reflexivas que não reduzam o discurso a análises de aspectos puramente linguísticos nem o dissolvam num trabalho sobre a ideologia" (BRANDÃO, 2004, p. 103).

Quanto mais alto o nível das desigualdades sociais na sociedade, mais fortes são as evidências do discurso como instrumento de manipulação sobre a população oprimida. Geralmente, não foge à regra as "argumentações" em nome da proteção à natureza e ao ambiente, quando nas relações socioambientais efetivam-se ações paliativas com o objetivo de camuflar verdades, de negar direitos de propriedade, direitos iguais para todos.

No que toca à questão dos direitos iguais, a educação para a cidadania faz parte das diretrizes curriculares, da definição da política para a educação brasileira? O professor tem clareza do que significa formar o cidadão? Das contradições da sociedade quanto à responsabilidade do atendimento aos direitos de todos à cidadania? Como o professor ter autonomia e acesso a uma educação que contribua para a sua própria cidadania e de (alunos) orientados e orientandos no cotidiano da escola? Quando na vida real, muitos desses indivíduos não têm condições mínimas de moradia, alimentação e saúde, itens essenciais na vida de cada homem, cada mulher, cada criança que habita o espaço territorial, a Terra.

Com o objetivo de provocar mais reflexões, questionamos: será que nos discursos do cotidiano da escola os diferentes interesses da sociedade são discutidos e aprofundados sem dogmatismo, sem partidarismo? O professor tem clareza do significado da discrepância entre os perfis de nossos alunos, o pobre, o médio, o rico, o miserável, os que fazem parte dos percentuais da reprovação, de evasão, sem falar no estrato da população que nem tem acesso à matrícula nas escolas. Nesse contexto, até se detecta a manipulação na transmissão de "conteúdos" revolucionários, mas não se aprofunda a problematização e a posição desses conteúdos no processo. "Na problematização da realidade nacional e da própria manipulação" (FREIRE, 1982, p. 174).

Situações reais para serem problematizadas em sequência de prioridades sociais nos discursos com a clientela da EJA: 1) saúde; 2) educação; 3) alimentação; 4) moradia; tão essencial para a vida, que fica difícil de escolher os itens para colocar em ordem de prioridade. Ao refletirmos sobre as condições de um indivíduo de saúde precária, uma série de questionamentos aflora de nossa análise reflexiva: O que será? Onde mora? O que come? Trabalha? Por que não trabalha? Qual o nível da escolaridade? Quanto ao trabalho: está habilitado? Tem diploma? Fala língua estrangeira? E assim, uma série de outras questões de caráter ambiental que pode estar interferindo ou não em sua inclusão social.

Quando uma família brasileira recebe uma "bolsa" para facilitar o acesso de seus filhos à educação deveria ser garantido, além da apresentação das notas em um boletim, as condições de acesso à educação de qualidade para exercício da cidadania, a consequente habilitação para o ingresso no mercado de trabalho. Porém, se tal educação não acontece, a "bolsa" não lhes tira do "estágio de mendicância" e a degradação ambiental continua, certamente os recursos que eram destinados à educação de qualidade dessas famílias, por direito, foram destinados a "outros fins", a "outros interesses".

Quando afirmamos que tal educação não acontece é porque o quadro que apresentamos a seguir é comum para a população do

Estado da Bahia com 32,5% de repetência no Ensino Fundamental e 27,2% no Ensino Médio (*A Tarde*, 10/09/2007, p. 4). E mais ainda "nas escolas da rede pública, no interior, há 15 mil professores com formação apenas de magistério lecionando no Ensino Médio. E em 85% das escolas públicas não há bibliotecas", informação do Prof. Rui Oliveira, Sindicato dos Professores da Bahia.

O ambiente em si é degradante, considerando as condições em que o próprio homem sobrevive quando excluído dos bens produzidos na comunidade. Compete à escola, sim, a organização de seu currículo a partir de diagnósticos locais para priorizar os conteúdos que serão transversalizados no seu cotidiano. A escola não tem a função de dar conta da complexidade dos problemas, mas a contribuição para a comunidade buscar novos caminhos que revertam a situação ambiental de penúria e miséria em diversas comunidades.

À luz de reflexões, as famílias que recebem ou não o "bolsa família" não lhes estão sendo dado o direito de participarem de salas de aulas com professores reflexivos, competentes, pesquisadores autônomos, para discutirem e refletirem com seus alunos a realidade, as entrelinhas dos conteúdos, a exemplo da mensagem de Paulo Freire (1982, p. 174), "a manipulação, na teoria antidialógica, tal como a conquista a que serve, tem de anestesiar as massas populares para que não pensem".

O descumprimento da lei que obriga o poder público a viabilizar a escolarização do povo brasileiro é histórico, é cultural. Na década de 1960, em decorrência dos resultados de suas pesquisas, Paulo Freire sistematizou procedimentos e princípios para a alfabetização, com objetivos bem explícitos, no sentido do país possibilitar um atendimento mais adequado, de qualidade para as camadas da população que não têm acesso à educação formal. Apesar de suas descobertas e experiências concretas em relação à aprendizagem de jovens e adultos ser reconhecida mundialmente, em seu país não houve o mesmo reconhecimento.

Apesar das evidências de que, diante da instalada insustentabilidade das relações ambientais, o opressor não terá um destino diferente dos oprimidos, o homem ainda manipula, domina, exclui. O planeta está ameaçado de desaparecer, principalmente pelas alterações negativas do ambiente: os ciclos do vento, da água, a poluição, as enchentes, as queimadas, a "fábrica" de bandidos, a "fábrica" dos excluídos, dos deserdados dos bens que o capitalismo produz, das condições mínimas de sobrevivência como ser humano.

Logo, os discursos em defesa da sustentabilidade carecem de ações efetivas que considerem e respeitem o homem e a natureza como uma coisa única, inseparável como Deus os criou. Na preocupação com a histórica defesa de um mundo agradável para todos, Paulo Freire sempre atentou para a conscientização, "como um esforço de conhecimento crítico dos obstáculos, vale dizer, de suas razões de ser. Contra toda a força do discurso fatalista neoliberal, pragmático e reacionário, insisto hoje sem desvios idealistas, na necessidade da conscientização. Insisto na sua atualização" (FREIRE, 1996, p. 60).

A ênfase dada ao desejo de descartar posturas indesejáveis do nosso espaço de convivência não cai do vazio, mas da interpretação da realidade, das evidências, da reflexão crítica em torno das realizações, das criações materiais e culturais, da dimensão da degradação social. A busca de alternativas é uma questão delicada e séria para a situação ambiental neste momento histórico, por tratar-se de um enfrentamento das ações do homem contra o próprio homem, onde o manipulador carece ser reeducado.

Urge descartarmos do nosso espaço de convivência comum na terra: a tolerância com os opressores, com os engabeladores, com os sugadores das forças e dos direitos do trabalhador, os traidores da ingenuidade dos homens de boa-fé, com os corruptos, com os antiéticos, dos falsos professores. Precisamos praticar e disseminar "uma crítica permanente aos desvios fáceis com que somos tentados, às vezes ou quase sempre, a deixar as dificuldades que os caminhos verdadeiros podem nos colocar" (FREIRE, 1996, p. 36).

Através das plataformas de governo, do setor privado, dos órgãos de comunicação, o dia a dia da sociedade é alimentado por uma febre de chamadas e apelos escritos e falados para os cuidados com o ambiente, é comum os chavões: "A educação ambiental tem o papel de despertar a consciência ecológica na sociedade", "Precisamos sensibilizar as crianças, os jovens, os adultos, as futuras gerações para garantir o ambiente equilibrado para as gerações futuras"; "Não jogue lixo no chão", dentre outros.

Entretanto, não é comum os questionamentos: Quem construiu a sociedade desigual? A sociedade de exclusão? A miséria? A escravidão? A discriminação? A fome? O analfabetismo? O desemprego? O abuso sexual de crianças? Dos sem-teto? Dos sem-terra? Será que o discurso dos que defendem os deserdados dos bens de consumo tem o mesmo alcance nos meios de divulgação? Vamos investigar como recomenda Freire. "Quanto mais investigo o pensar do povo com ele, tanto mais nos educamos juntos. Quanto mais nos educamos, tanto mais continuamos investigando" (FREIRE, 1982, p. 120).

Há alguns anos, o Prof. Paulo Freire, desenvolvendo suas pesquisas acadêmicas, detectou que o analfabeto, embora com rico saber do seu cotidiano, não tinha acesso aos bens produzidos na sua comunidade, na sociedade, no mundo de modo geral; é um excluído de toda a produção, inclusive das riquezas que o próprio constrói com sua força de trabalho, não ou malremunerado. Em pleno século XXI, a escravidão continua, nos canaviais, nos garimpos, na indústria de fundo de quintal no interior e nas capitais, não só com a mão de obra de brasileiros, mas também de estrangeiros, a exemplo dos venezuelanos que são importados clandestinamente e submetidos às condições deploráveis de trabalho, essas, e outras situações são expostas na mídia constantemente.

Prof. Paulo Freire pautou suas obras atentando sempre para a necessidade da reflexão crítica em torno dos discursos direcionados para manipulação do conhecimento, do ser humano e da natureza. Com os resultados de suas pesquisas produziu novos conhecimentos, com ética, com coerência, em busca da verdade, sem dogmatismo, na defesa dos homens que estavam na contramão dos que detinham e detêm o poder.

Freire dedicou sua vida em defesa dos oprimidos denunciando as estratégias antiéticas e mentirosas para explorar os irmãos de pátria, contra a ganância e da acumulação de bens alheios. E, assim, outros cientistas falam a mesma linguagem, a exemplo de Morin (2005, p. 56): "a elaboração de uma estratégia comporta a vigilância permanente do ator durante uma ação, considera os imprevistos, realiza a modificação da estratégia durante a ação e, eventualmente, a anulação da ação em caso de um desvio nocivo".

Acredito que podemos assim resumir as preocupações, o dilema e o desafio em que a humanidade se encontra: desconstruir a cultura vigente para garantir a continuidade da vida na Terra. E que é possível, sim, tornar o mundo viável. Para tanto teremos que reverter as condições em que se processam as relações produtivas, as práticas sociais, o modelo de consumismo, a teoria e a prática de ganhar dinheiro, essencialmente o trato com os recursos naturais – deixar de enganar a si mesmo quando se sabe que uma ação é danosa para o ambiente natural, mas se persiste em sua prática.

O método de alfabetização de Paulo Freire destinado à EJA parte da reflexão em torno da realidade local precedida da escolha de palavras significativas para o cotidiano do alfabetizando, valorizando o seu universo vocabular. E assim, a "alfabetização não é um jogo de palavras, é a consciência reflexiva da cultura, a reconstrução crítica do mundo humano, a abertura de novos caminhos, o projeto histórico de um mundo comum, a bravura de dizer a sua palavra" (FIORI, 1982, p. 14). O diálogo autêntico prima pela decisão do indivíduo em colaborar com a cidadania e a construção de um mundo melhor.

Há um reconhecimento em nível mundial de que o investimento em educação de qualidade é como se fosse o oxigênio de que necessitamos para a sobrevivência, mas os detentores do poder político e econômico não têm a devida postura para dirigir suas comunidades e persistem em manipular dados, desviar recursos destinados por lei, no papel para a população em geral (cf. a Constituição) e acumular bens em poder próprio e de uma minoria pertencente ao grupo de suas relações.

A cultura tem sua gênese com o aparecimento do homem e sua evolução na face da Terra. Para Paulo Freire, a palavra cultura através do diálogo abre a consciência para o mundo comum das consciências. Acrescenta que não há homem absolutamente inculto. Nas organizações históricas e culturais da humanidade, que seja letrado ou não, o povo tem o comando e o controle da palavra, a palavra enquanto instrumento de comunicação, no sentido de encaminhar o processo de conscientização e de politização entre as comunidades, entre as gerações historicamente constituídas.

O papel da pesquisa nas relações ambientais, na organização curricular para EJA

Direcionando essa reflexão, para a inserção das questões ambientais na organização curricular da educação formal, da formação de professores para a EJA, nos deteremos com ênfase para a questão do acesso à educação de qualidade, sempre pontuando com as contribuições do Prof. Paulo Freire e outros autores com relevantes contribuições cientificamente testadas, comprovadas no campo das ciências sociais. Percebendo e acreditando que a educação trabalhada eticamente "possa ajudar cada um de nós a vencer a força centrípeta da ganância, da ilusão e da má vontade, mas esse é um processo que dura uma vida inteira e só começa com a educação formal" (CAPRA, 2006, p. 135). O desequilíbrio ambiental tem um custo alto, requer a habilidade na interpretação das mazelas de um ambiente onde o poder de manipulação gera alienação cultural, subserviência, a perda do direito à cidadania pela falta de investimento adequado em áreas prioritárias para a educação da população que sobrevive na condição de excluídos dos bens produzidos pela estrutura de desenvolvimento pautada nos princípios do capital.

Nessas condições, Barcelos adverte que o diálogo em torno de um problema ecológico "apresenta também a possibilidade importante de tornarmos visíveis, através das diferentes interpretações e representações de cada participante, as contradições, oposições e conflitos inerentes aos processos que envolvem a vida das pessoas em seu meio" (2008, p. 101).

Um dos aspectos do custo ambiental se traduz no investimento necessário para garantir a formação de profissionais da educação, principalmente para a EJA, que possibilite a reversão do quadro de alienação a que as comunidades foram submetidas; não basta a comunidade ter uma escola, mas que seus quadros de profissionais tenham clareza nos objetivos formulados no sentido de não se deixarem manipular por interesses antiéticos. "A ausência de controle, político e ético, dos desenvolvimentos da tecnociência revela a tragédia maior resultante da disjunção entre ciência, ética e política" (MORIN, 2005, p. 78).

A ausência da ética, da transparência, da consciência, da verdade, nas relações sociopolíticas e procedimentos para produção e consumo acarretam o alto custo ambiental, presente em toda estrutura social permeada de opressão, de dominação, de alienação, de invasão cultural. Na prática, os lares, as escolas fundamentais, médias e universitárias no tempo e no espaço, não escapam das influências, das condições objetivas estruturais. Nesse sentido, as instituições de educação "funcionam, em grande medida, nas estruturas dominadoras, como agências formadoras de futuros "invasores" (FREIRE, 1982, p. 180). Nesse contexto, não será necessário detalhar as condições de abandono intelectual de boa parte das crianças brasileiras, até porque os organismos internacionais estão sempre colocando na mídia a real situação de desqualificação educacional, comparado-a a outros países. As dificuldades que os professores apresentam para empreender projetos de pesquisa, no cotidiano das escolas, resultam em prejuízos incalculáveis para o país.

Tanto que urge colocar em prática a interpretação do cotidiano das escolas, à luz dos ensinamentos de Paulo Freire, dentre outros teóricos que comungam com suas concepções de educação, na busca de alternativas para os problemas que afligem o Planeta Terra. A cada dia o homem está sendo desafiado pela dramaticidade cotidiana, descobre que pouco sabe de si, de seu papel no cosmo, e daí as inquietações. "Estará, aliás, no reconhecimento do seu pouco saber de si uma das razões desta procura. Ao instalar-se na quase, se não trágica descoberta do seu pouco saber de si, se fazem problema a eles mesmos. Indagam. Respondem, e suas respostas os levam a novas perguntas" (1982, p. 29).

A perspectiva de sustentabilidade do ambiente depende de toda a sociedade. No que se refere às responsabilidades específicas das instituições que trabalham com educação, há um grande desafio nos dias atuais: a revisão de conceitos e categorias para a análise das relações sociais, das posturas de exclusão, dos processos de produção, contexto em que é significativo o número de jovens e adultos com direitos à educação e à cidadania.

O desafio para romper com as "certezas" – construindo sucessivamente outras incertezas – e certezas no cotidiano da escola com extensão a toda a comunidade e à sociedade de um modo geral. Desafio que significa um processo de reflexão e de incentivo no sentido que se deve "lutar contra a incerteza da ação e até mesmo superá-la a curto e médio prazo, mas ninguém pode pretender eliminá-la no longo prazo. Quando não há solução ética para um problema, deve-se sem dúvida evitar o pior; para isso deve-se recorrer a uma estratégia" (MORIN, 2005, p. 57). Significa a oportunidade de permear os saberes de fundamental importância à problematização dos conteúdos no cotidiano das atividades escolares.

Percebe-se que a discussão em torno da urgência de medidas que revertam os problemas ambientais terá sentido associando-a à necessidade de desconstrução do modelo de desenvolvimento em vigência. As ações, paliativas, isoladas, assemelham-se a "fogo de palha", que não deixa rastro duradouro. A situação implica tomadas de posições mais consistentes, começando por uma ética do bom uso das ciências. "A interdição dos usos nefastos, tudo isso depende da consciência, ao mesmo tempo, dos cientistas, dos políticos, dos cidadãos, a qual depende dos processos econômicos, políticos, sociais, culturais, que dependem em parte dos progressos da consciência" (MORIN, 2005, p. 77).

O cidadão no exercício e na condição de professor, de aluno, de determinada comunidade carece de reflexão crítica, de conteúdos que o despertem para distinguir com clareza a diferença entre uma postura de "fogo de palha" e uma postura de ação duradoura. Aí entra a questão da análise reflexiva na lida com os discursos para tomada da consciência, para o discernimento quanto aos objetivos de um discurso "bem-elaborado" para convencer uma comunidade de que determinada ação não será maléfica para a natureza, que trará "benefícios compensatórios".

Diante de um discurso manipulador, quando a comunidade não reage, quando se dá conta já é tarde: a água já está poluída, a pastagem para a criação de gado já expulsou pequenos proprietários para as periferias das cidades sem nenhuma proteção pública ou privada, e assim sucessivamente. Nesse sentido, a investigação tem o papel de identificar o "tema gerador", que se encontra contido no universo temático (os temas geradores em interação) da comunidade, que se realizada "por meio de uma metodologia conscientizadora, além de nos possibilitar sua apreensão, insere ou começa a inserir os homens numa forma crítica de pensarem seu mundo" (FREIRE, 1982, p. 113).

A metáfora do "fogo de palha" alerta a comunidade para a necessidade da reflexão até a exaustão, sem pressa, com leitura nas entrelinhas, pontuando cada palavra, cada ação dos protagonistas do contexto em questão. A postura ingênua acredita que está percorrendo no caminho da construção de uma educação de verdade, mas na maioria das vezes reforçam ações do inimigo, ações "fogos de palha", que não duram a ponto de reverter uma situação. Desse modo, reflexões geram posturas críticas e verdadeiras, que na plenitude da práxis organiza cada vez mais o pensar, este "nos leva a superar um conhecimento estritamente ingênuo da realidade. Este precisa alcançar um nível superior, com que os homens cheguem à razão da realidade" (FREIRE, 1982, p. 152-153).

Nesse sentido temos a proposta de alfabetização de Freire, com o recurso pedagógico das palavras de uso local para gerar os textos falados e escritos no processo da alfabetização do educando. Metodologia que possibilita a criação de um elo real entre o homem e a realidade da sua comunidade. Da importância de reconhecer que o processo das relações humanas envolve as delimitações de uso do espaço, das fontes de vida, no meio natural da alimentação de qualidade, da água potável, dos espaços de lazer e de moradia.

Portanto, urge a superação da histórica prática pedagógica, com a utilização da memorização como recurso e estratégia de ensino sem a devida ênfase para a valorização da linguagem local, com seus significados inerentes aos costumes e modos de vida da população e seus modos de atuação na comunidade. Percebe-se que a importância do lugar, do espaço, do ambiente na prática cotidiana da educação tem sido subestimada, negligenciada, e assim analisa-se que

> por aprender apenas um fragmento da realidade, a abstração inevitavelmente distorce a percepção. Por negar a experiência da emoção genuína, ela distorce e diminui os potenciais humanos. Para a mente totalmente abstraída, todos os lugares tornam-se "bens imóveis" ou meros recursos naturais; as suas possibilidades econômicas, ecológicas, sociais, políticas e espirituais maiores se perdem diante do utilitarismo puro e estreito (CAPRA, 2006, p. 119).

Portanto, discutir a essência das questões ambientais depende da análise de diferentes aspectos, das nuanças da estrutura ambiental, do avanço das desigualdades sociais e da pobreza no mundo. E, mais, a mídia geralmente não expõe as diferentes faces da questão ambiental em seu discurso, não problematiza, não desperta a população para o pano de fundo do desequilíbrio ambiental, que origina um processo de humanização e desumanização, em um só tempo, inserido no contexto histórico. A mídia não desperta o jovem, o adulto para a incansável luta dos oprimidos, pela sua humanidade roubada; que no bojo das lutas cotidianas, das relações ambientais deve conter as estratégias para a conversão dos oprimidos e dos opressores.

> A violência dos opressores, que os fazem também desumanizados, não instaura uma outra vocação – a do ser menos. Como distorção do ser mais, o ser menos leva os oprimidos, cedo ou tarde, a lutar contra quem os fez menos. E esta luta somente tem sentido quando os oprimidos, ao buscar recuperar sua humanidade, que é uma forma de criá-la, não se sentem idealistamente opressores, nem se tornam, de fato, opressores dos opressores, mas restauradores da humanidade em ambos (FREIRE, 1982, p. 31).

No Brasil, não podemos discutir alternativas para a emergência da sustentabilidade nas relações ambientais sem a associação destas com a internacionalização da economia. O capital estrangeiro confronta o país com a necessidade de promover e acelerar o processo de democratização do acesso à escola, da formação do trabalhador. Observa-se que, em paralelo a oferta de emprego, as justificativas de que as vagas não estão sendo preenchidas por falta de escolaridade da população nos diferentes níveis de ensino. Situação que contribui para a exclusão de jovens e adultos dos interesses dos diversos segmentos da sociedade.

No final do semestre (outubro de 2008) foram oferecidas vagas temporárias de trabalho para as férias de verão nos navios de cruzeiros em temporada no Brasil com boas oportunidades de emprego. Mas, apesar da massa de desempregados, as empresas só conseguiram preencher uma média de 40% das vagas ofertadas, com candidatos oriundos das regiões Sul e Sudeste, que detêm os melhores índices de escolaridade. Conhecimento de língua estrangeira é essencial, mas coisa rara entre os candidatos.

Entretanto, em países considerados desenvolvidos de diferentes partes do mundo, para a função de garçom, agente de limpeza, trabalhos domésticos, o candidato detém o domínio de duas a três línguas estrangeiras. Vale ressaltar que as transformações científicas e tecnológicas que ocorrem de forma acelerada no campo e na cidade exigem novas aprendizagens, não só para a formação básica, mas ao longo da vida.

Paulo Freire colocou sua proposta de educação para o país, desde a década de 1960. Porém, ainda hoje se testa diferentes propostas sem o devido propósito de fazer educação de qualidade. Não bastam as afirmações de que a escola é a instituição pública responsável pela educação, que tem como função desenvolver uma prática educativa planejada e sistematizada durante um longo período na vida das pessoas.

A escola pública necessita do real reconhecimento da sociedade e dos gestores do dinheiro público quanto à sua potencialidade como lócus da aprendizagem, da produção de conhecimento, do desenvolvimento da tecnologia, da interpretação da cultura. Valorizar o potencial da instituição escola significa priorizar a pesquisa. Pesquisar exige investimento em recursos material e humano em todos os sentidos. Para a situação em questão na formação do professor.

O desrespeito pelo semelhante é antiético, um problema ambiental irreversível, ninguém tem o direito de podar a liberdade e a vida que Deus deu a todos. O homem faz parte do seu mundo cultural, da construção da história, "é um mundo de decisão, de possibilidades em que a decência não pode ser negada, a liberdade ofendida e recusada. Por isso mesmo a capacitação de mulheres e de homens em torno de saberes instrumentais jamais pode prescindir de sua formação ética" (FREIRE, 1996, p. 62).

As obras de Paulo Freire têm sido disseminadas, traduzidas em muitas línguas, aplicadas em sistemas de ensino de diversos países, enquanto no Brasil geralmente são utilizadas como referência para trabalhos acadêmicos, quando muito, grupo de professores aqui e ali fazem experiências localizadas de repercussão em nível local. Por que não colocar as propostas teóricas e práticas de Paulo Freire como parâmetro obrigatório na Legislação Nacional de Educação? Por que não colocamos alguns semestres com estudo obrigatório da concepção de Paulo Freire nos cursos de formação de professores em todos os níveis e essencialmente na organização curricular da EJA?

Na introdução de sua obra *Pedagogia do Oprimido* o Prof. Paulo Freire faz referências a algumas de suas observações em atividades práticas com a comunidade durante os cinco anos de exílio. Incluindo também as anotações que registrou no Brasil em vários momentos de atividades educativas, através dos cursos de capacitação e outras oportunidades de análise do papel da conscientização e da educação realmente libertadora:

> Não são raras as vezes em que participantes destes cursos, numa atitude em que manifestam o seu "medo da liberdade", se referem ao que chamam de "perigo de conscientização". "A consciência crítica (dizem...) é anárquica". Ao que outros acrescentam: Não poderá a consciência crítica conduzir à desordem"? Há, contudo, os que também dizem: Por que negar? Eu temia a liberdade. Já não a temo! (FREIRE, 1982, p. 19).

Nesse diálogo estava em pauta o significado da conscientização e da liberdade. Na discussão não eram utilizadas palavras vazias, mas carregadas de significado forte para as pessoas envolvidas em um contexto de repressão explícita contra quem se pronunciasse a favor da liberdade de opressão e contra a ditadura militar. A reflexão do grupo tinha como objetivo maior o despertar para o ambiente de injustiça e opressão a que estavam submetidos naquele momento da história do Brasil.

O contexto requeria de cada envolvido uma revisão histórica da construção cultural a que estavam arraigados. O que não basta à tomada de consciência de injustiça, mas à construção de estratégias para os procedimentos de construção da liberdade. Em outra circunstância o diálogo continua em mais um encontro com a participação de:

> Um homem que fora, durante longo tempo, operário, estabeleceu uma dessas discussões em que se afirmava a "periculosidade da consciência crítica". No meio da discussão, disse este homem: "talvez seja eu, entre os senhores, o único de origem operária". Não posso dizer que haja entendido todas as palavras que foram ditas aqui, mas uma coisa eu posso afirmar: cheguei a esse curso ingênuo e, ao descobrir-me ingênuo, comecei a tornar-me crítico". "Esta descoberta, contudo, nem me faz fanático, nem me dá a sensação de desmoronamento". Discutia-se, na oportunidade, se a conscientização de uma situação existencial, concreta, de injustiça, não poderia conduzir os homens dela conscientizados a um "fanatismo destrutivo" ou a uma "sensação de desmoronamento total do mundo em que estavam esses homens (FREIRE, 1982, p. 19 e 20).

Nessa exposição percebe-se um exercício de reflexão no grupo de círculo de cultura, de elaboração de novas estratégias, de esclarecimentos em torno dos direitos e deveres do cidadão, de desvelamento de posturas, de costumes, na comunidade à qual estão inseridos possibilitando conscientização, autonomia, liberdade. Enquanto que a prática da memorização de palavras e textos é mecânica, não traduz os interesses e as necessidades do ser humano na sua comunidade, no seu espaço de convivência ambiental. De modo que, na situação refletida pelo operário, questiona-se onde está a subversão e o desrespeito à autoridade instituída?

Eleger problemas para serem trabalhados no cotidiano da escola dá vida e sentido às atividades. Em se tratando das questões ambientais por que não despertar a reflexão dos alunos com saberes relacionados ao seu cotidiano. Poderíamos aproveitar a experiência de professores e alunos que convivem em áreas da cidade sem a devida atenção do poder público para discutir, por exemplo: a poluição dos riachos, dos córregos, o bem-estar das populações, os lixões, os riscos para a saúde. Veja:

> De todo o meu tempo de estudante ou professor, eu me lembro de poucas conversas sérias sobre os propósitos e a natureza da educação, e, absolutamente de nenhuma sobre a adequação da educação formal com respeito ao nosso papel como membros da comunidade da vida. Suponha-se que o domínio de uma matéria bastasse para ensinar outras pessoas e que essas próprias matérias fossem devidamente formuladas e importantes (CAPRA, 2006, p. 127).

Certamente que o atual panorama do ambiente seria outro se as reflexões e experiências pedagógicas dos professores Capra e Freire fossem disseminadas e colocadas em prática. Hoje, quando se prega que novas tarefas passam a ser função da escola, no que toca ao meio ambiente e outros temas emergentes, supõe-se que esses temas não estão sendo vistos como novidade, mas como consequência de um histórico descaso com projetos de educação de qualidade que foram abortados, a exemplo da proposta de Paulo Freire desde os anos de 1960.

Nos dias atuais existe o fervor para urgência das mudanças na escola. Mas na realidade não significa que somaremos outras funções além da que a escola já exerce, a escola brasileira carece, sim, de uma corrida atrás do tempo perdido na história. O brasileiro carece urgente da tomada de consciência de que praticando a educação de "faz de conta" está enganando a si mesmo. A recomendação para criarmos novas estratégias de construção de conhecimentos dando significado aos conteúdos não é coisa nova.

Entretanto, a discussão em torno da inserção das questões ambientais nos currículos escolares não é nada simples, requer dos professores, enquanto equipe de trabalho, individualmente, pesquisar e proceder à análise do ambiente em suas múltiplas e complexas relações, que envolvem aspectos ecológicos, psicológicos, legais, políticos, sociais, econômicos, científicos, culturais e éticos. Para tanto, vários instrumentos metodológicos são indispensáveis, entre eles, o diálogo. O que nos remete a Paulo Freire, principalmente quando se trata do diálogo entre o opressor e o oprimido, dos interesses da minoria e da maioria, da defesa dos excluídos, contra a opressão.

E, assim, discutir a complexidade de interesses que envolvem as relações dentro de uma comunidade significa ter domínio de percepção para detectar possíveis posturas dialógicas e antidialógicas entre seus membros, principalmente, as pessoas que em seus discursos se posicionam na condição de chefes e líderes. Pois,

> não se é antidialógico ou dialógico no ar, mas no mundo. Não se é antidialógico primeiro e opressor depois, mas simultaneamente. O antidialógico se impõe ao opressor, na situação objetiva de opressão, para, pela conquista, oprimir mais, não só economicamente, mas culturalmente, roubando ao oprimido conquistado sua palavra também, sua expressividade, sua cultura (FREIRE, 1982, p. 162).

Não sendo permitido ao oprimido o direito ao diálogo, a sua conquista pelo opressor se concretiza de diversas maneiras, principalmente com ações paternalistas, com a disseminação de mitos, da falsa liberdade a exemplo: "a escola está aí para todos"; "só não estuda quem não quer"; "todos são livres para ir e vir"; "o trabalhador é livre para escolher onde quer trabalhar". Com essa postura implicitamente seus discursos estão matando a criatividade do seu semelhante, alienando-os, à medida que lhes apresentam um falso mundo.

O homem do campo que é influenciado a vender seu sítio, seu pedaço de terra (a maioria por preços insignificantes) e vem para a periferia da cidade, não tem ideia do mundo que o espera, diferente da sua realidade, dos seus costumes, da sua cultura. Está sempre na mídia que o "desemprego é uma questão do século". Mas não temos propostas concretas para a questão da reforma agrária; para acabar com o analfabetismo; para acabar com a fome; com a prostituição infantil; o acesso à educação de qualidade; a redução da ganância; acabar com a corrupção. Questões essenciais para a reconstrução de um ambiente sustentável e equilibrado, para esta e as futuras gerações.

Paulo Freire ao organizar os círculos de cultura como ponto de partida para a alfabetização do adulto estava sintonizado com a necessidade de a educação formal tratar do cotidiano das comunidades, a preocupação com a promoção da sustentabilidade do ambiente. O que concorda Capra, que em sua obra recente diz que a educação para uma vida sustentável "é uma pedagogia que facilita esse entendimento por ensinar os princípios básicos da ecologia e, com eles, um profundo respeito pela natureza viva por meio de uma abordagem baseada na experiência e na participação" (CAPRA, 2006, p. 14).

Na concepção de Paulo Freire, o educador que pesquisa a situação ou realidade na qual está inserida a problemática ambiental não pode perder de vista as cadeias de ação, o emaranhado de poderes e interesses a que estes estão envolvidos. Quem será o beneficiado com essa ou aquela posição tomada em relação à questão tal na comunidade? Assim como, quais pessoas, setores, associações serão ou não prejudicados em seus interesses particulares ou públicos, com esta ou aquela situação ou ação ambiental?

Paulo Freire nos chama a atenção para o opressor na condição de oprimido. Nessa relação do homem contra o próprio homem no trato com a natureza, o opressor também é um oprimido quando acredita que o desenvolvimento tecnológico desordenado lhes dará sucesso, alegria, capital. Quando, à luz da verdade, todos indistintamente tornam-se reféns de suas criações benéficas e maléficas. A injustiça impregnada nas relações sociais e ambientais no Brasil não é uma coisa isolada, inseparável. Como discutir questões ambientais sem falar da escravidão, do analfabetismo, do êxodo rural, dos sem-terra, dos sem-teto, e tantas outras injustiças sociais?

Como desconstruir esta cultura do bem e do mal de mãos dadas, do homem contra o próprio homem? Como o professor, a escola trabalha estas questões como rotina e não como coisa esporádica, tipo: Dia da Árvore, Dia da Mulher, Dia da Água, Dia do Índio, Dia do Negro, Dia da Criança, Dia do Professor, Dia do Médico, Dia do Servidor. Todo dia é dia do país, da pátria, da nação cumprirem seus direitos e deveres individuais e coletivos. Um único dia de comemoração e lembrança, de um determinado segmento ou profissão, não vai apagar todas as mazelas construídas cotidianamente nos espaços físicos e sociais.

Considerações e sugestões

Na construção deste trabalho as evidências apontam para desafios, para uma revisão nos modos de vida, das relações de poder construídas historicamente na sociedade. Identifica-se que, um dos instrumentos mais poderosos, no confronto de interesses antagônicos da sociedade, é para quem detém na formação pessoal o domínio da língua falada e escrita. Instrumento este que os deserdados, os excluídos dos bens naturais e materiais, não têm tido acesso a esses e outros recursos que deveriam estar disponíveis para todos no Planeta Terra.

Aprofundamos o entendimento sobre a contribuição de Paulo Freire para a humanidade. A sugestão para formulação de projetos político-pedagógicos destinados à comunidade local, estados, países e continentes, contextualizados em cada realidade política, cultural e socioambiental. Consideramos a sua obra como um tesouro para organização de estratégias focadas na qualidade de vida da humanidade, na defesa dos oprimidos, dos sem-voz, dos sem-vez no mundo das letras e dos sofisticados códigos de comunicação; da possibilidade do uso da linguagem da comunidade como instrumento de alfabetização de jovens e adultos, com o uso da palavra geradora para organização de textos falados e escritos no processo de formação constante de professores e alunos.

Para a realidade brasileira urge correr atrás do tempo perdido (com mais investimentos). As evidências apontam que no "buraco negro" da organização social do Brasil não visualizaremos nenhuma luz no fundo do túnel, enquanto a Educação não for prioridade para gestores que detêm e controlam os meios de produção e das riquezas do país.

Enfatizamos que será bastante significativa para os trabalhadores deste país a oportunidade de estudar através dos círculos de cultura sistematizados por Paulo Freire, da oportunidade de poder decidir destinos pautados em princípios que sinalizem com clareza e discernimento quanto a seus direitos e deveres.

Entendemos e alertamos que certamente trabalhadores conscientes irão perceber posturas antiéticas e corruptas nos cargos das instâncias municipais, estaduais e federais do país. Certamente, delegado, promotor, juiz que trabalham em defensoria pública, não estarão fugindo de seus postos de trabalho, ante a ameaça e o "poder" das gangues de bandidos, a exemplo de fatos ocorridos no Estado do Pará recentemente, e denunciado no Senado Federal por um senador do próprio estado.

Neste percurso entendemos que, assim como as plantas, o ser humano também tem um excelente poder de regeneração. Isso nos alenta, não podemos perder a esperança de um mundo sustentável para todos. Que dentre as várias obras de Paulo Freire não podemos deixar de interpretar a *Pedagogia da Esperança; Pedagogia da Autonomia: saberes necessários à prática educativa; Medo ou Ousadia; Pedagogia do Oprimido*, tão bem definidas e elucidativas para a interpretação das nossas históricas relações ambientais. Referências que certamente nos darão indispensável contribuição para uma educação ambiental com a devida qualidade e transversalidade nos currículos escolares em todos os níveis da prática pedagógica.

As evidências apontam que urge a utilização de teorias de suporte para a organização curricular de projetos político-pedagógicos, da educação básica, da universidade, da EJA sem demagogia, sem dogmatismo, com humildade, com diálogo, com ética, com possibilidade de entendermos e percebermos o significado de educação e autonomia, para além da exclusão social em nosso país e no mundo. Para tanto, são muitos os desafios para os professores de todos os segmentos, essencialmente da EJA:

• Entender que não se cria comunidades sustentáveis partindo do zero, do nada, mas desconstruindo, construindo, reconstruindo, posturas, hábitos, mazelas, que historicamente têm sido construídas através das relações entre os homens e destes com o ambiente natural.

• Reconhecer que o ponto de partida para a construção de currículos sintonizados com as relações ambientais é permeando em todos os níveis de ensino os saberes, os conhecimentos de como a natureza sustenta a teia da vida.

• Desconstruir posturas, valores, atitudes que resultam em opressão, discriminação, exclusão, escravidão do homem pelo próprio homem.

• O despertar para a questão dos últimos tempos, em qualquer parte do mundo, em qualquer lar, seja o lar do pobre ou o lar do rico, os males da degradação ambiental atingem a todos.

• Colocar em prática a alfabetização do jovem e do adulto enfocando que vivenciamos um mesmo experimento no Planeta Terra, vulnerável, frágil, distorcido e desvirtuado por conta da má-fé, da ganância, da visão linear, do julgamento equivocado, um mundo complexo com conteúdos transversalizados, a exemplo de: no trato com uma horta aprendemos que as bactérias que existem no solo (bilhões em um centímetro cúbico) realizam transformações químicas sem as quais não há como os vegetais sobreviverem, um dos cuidados básicos para que todos sobrevivam. Com o reconhecimento de que "toda educação, é educação ambiental" ensinando aos jovens que somos parte integral do mundo natural.

• Organizar formas de abordagens essenciais para o início de estudo e domínio da língua falada e escrita, o corpo humano a partir da associação entre a teoria e a prática, a começar pela alimentação: Por que nos alimentamos diariamente? Para quê? Com quê? Onde encontrar os elementos essenciais para a nutrição do organismo?

• Possibilitar a prática da proposta de Paulo Freire. Que a organização dos conteúdos para a formação de professores, para a educação básica, sejam gerados a partir das pesquisas no cotidiano da escola e da comunidade, do estudo de grupo, da excursão no espaço geográfico, com foco nas palavras e temas significativos dos problemas de interesse da comunidade, e a culminância das investigações inseridas na semana de planejamento, no projeto político-pedagógico da escola.

• Instalar ciclos de cultura utilizando a Pedagogia da Palavra Geradora para jovens, adultos, as famílias do Programa Bolsa Família, uma maneira de prestigiar a luta de Paulo Freire em defesa dos oprimidos. A oportunidade de analisar e avaliar os discursos contra e a favor do Bolsa Família: os desvios divulgados na mídia; quem desvia; Por que desvia os recursos destinados às Bolsas Famílias? Qual a região que mais recebe a bolsa? Por que uma cidade recebe mais e outra menos? Quais os critérios para a distribuição das Bolsas Famílias? Pesquisas com temática da realidade contextualizada.

- Superar o terror instalado em ambientes escolares que convivem com o uso das drogas, o tráfico, a prostituição em todas as faixas etárias, inclusive a infantil, e todo tipo de delinquência.

- Para a internalização de que a formação do professor permeia as concepções: educação é vida; educação é ponte para o sucesso; educação é uma ambição sadia; educação é qualidade de vida; educação é longevidade; educação gera amor entre os povos; educação é esperança; educação é liberdade; educação é contra o medo e a favor da ousadia; A deseducação gera a instabilidade e a morte na relação entre os homens nos diferentes contextos da sociedade.

- Colocar em prática a pesquisa como estratégia indispensável em todo processo da educação, formal, informal, supletiva, ao longo da vida, permanente, com ética na recolha de diagnóstico em torno das relações da criança, do jovem, do adulto com as questões políticas e socioambientais.

Concluindo, urge que essas evidências sejam incorporadas ao projeto de educação da comunidade, do Estado, do país, componham um bloco de projeto político-pedagógico em nível nacional com metas de aplicação e avaliação dos resultados considerando custos benefícios para todos os segmentos da sociedade. Para tanto, não importa interesses do gestor, do governante em atuação. O projeto de educação de um país não corresponde ao período de determinado governante. Mas uma caminhada para ser seguida por quem gerencia os interesses do povo respeitando as leis e a Constituição em qualquer gestão ou circunstância das comunidades.

Referências

AQUINO, S.M. "Um desafio para os professores: como inserir as questões ambientais no currículo escolar?" In: FERREIRA, L.A. (org.). *Entre flores e muros*: narrativas e vivências escolares. Porto Alegre: Sulina, 2006.

ASSMANN, H. *Reencantar a educação* – Rumo à sociedade aprendente. Petrópolis: Vozes, 2004.

_____. *Competência e sensibilidade solidária* – Educar para a esperança. Petrópolis: Vozes, 2000.

BARCELOS, V. *Educação Ambiental*: sobre princípios, metodologias e atitudes. Petrópolis: Vozes, 2008 [Coleção Educação Ambiental].

BRANDÃO, C.R. (org.). *Pesquisa participante*. São Paulo: Brasiliense, 2001.

BRANDÃO, H.H.N. *Introdução à análise do discurso*. 2. ed. Campinas: Unicamp, 2004.

CAPRA, F. *Alfabetização ecológica* – A educação das crianças para um mundo sustentável. São Paulo: Cultrix, 2006 [Trad. de Carmen Fischer].

CUNHA, L.A. "Os parâmetros curriculares para o Ensino Fundamental: convívio social, ética". *Cadernos de pesquisa*, n. 99, nov./1996. São Paulo.

FIORI, M.E. "Aprender a dizer a palavra". In: FREIRE, P. *Pedagogia do Oprimido*, 11. ed. Rio de Janeiro: Paz e Terra, 1982.

FREIRE, P. *Educação e atualidade brasileira*. São Paulo: Cortez, 2001.

_____. *Pedagogia da Indignação*. São Paulo: Unesp, 2000.

_____. *Pedagogia da Autonomia*: saberes necessários à prática educativa. São Paulo: Paz e Terra, 1996 [Coleção Leitura].

_____. *Política e educação*. São Paulo: Cortez, 1993.

_____. *Pedagogia da Esperança*. São Paulo: Paz e Terra, 1992.

_____. *A importância do ato de ler*. São Paulo: Cortez, 1982.

_____. *Pedagogia do Oprimido*, 11. ed. Rio de Janeiro: Paz e Terra, 1982.

_____. *Conscientização* – Teoria e prática da libertação. São Paulo: Morais, 1980.

_____. *Educação e mudança*. São Paulo: Paz e Terra, 1979.

_____ *Educação como prática da liberdade*. Rio de Janeiro: Paz e Terra, 1967.

IÑIGUEZ, L. (coord.). *Manual de análise do discurso em Ciências Sociais*. Petrópolis: Vozes, 2004 [Trad. de Vera L. Joscelyne].

MORIN, E. *O método 6*: ética. 2. ed. Porto Alegre: Sulina, 2005 [Trad. de Juremir M. da Silva].

5
Migração internacional de mulheres: motivações de estudantes soteropolitanas

CÉLIA MARIA ADEODATO
Graduada em Pedagogia – Uneb

MARIA SACRAMENTO AQUINO
Profa. titular da Uneb

MARIA G. CONCEIÇÃO SANTOS
Profa.-adjunta da Uneb

Introdução

As migrações internacionais constituem um tipo de mobilidade espacial com consequências tanto no lugar de saída quanto no lugar de chegada. A desestruturação interna do capitalismo e a imposição das regras da globalização têm proporcionado um clima de instabilidade social, cultural e econômica, criando rupturas e novos "muros invisíveis", por meio da nova escravidão, da prostituição, do turismo sexual, do tráfico de pessoas e de órgãos, do desemprego, do subemprego, do analfabetismo instrumental e da dificuldade de acesso ao visto de trabalho no país de acolhimento.

Nos dias atuais, o tráfico internacional de mulheres se configura como um problema moral, como crime organizado e, como tal, constitui uma violação dos direitos humanos. Essa problemática precisa ser vista não somente pela ótica da formação educacional e da prostituição, mas como uma preocupação dos gestores da educação básica. Isso porque estamos diante de um problema originado na manipulação da organização da educação, na baixa escolaridade, sobretudo das jovens, submetidas à prática da coerção e do patriarcalismo.

O tráfico de mulheres apresenta-se caracterizado de diferentes formas: como matrimônio servil, trabalho doméstico, trabalho informal forçado e práticas escravistas. Alguns exemplos de migrações internacionais de mulheres configuram-se como uma das formas mais perversas de violência contra a mulher, no contexto do capitalismo imbricado na ganância e no lucro a qualquer custo.

A migração com fins de exploração das mulheres brasileiras vem ocupando uma posição de destaque no cenário internacional, sobretudo a partir da década de 1990. A desinformação das vítimas, de suas famílias, da sociedade brasileira e a inércia do Estado são os maiores facilitadores da ação dessa "indústria". Para enfrentar esse problema, o princípio fundamental baseia-se na melhoria da educação e da informação, a partir da família, da escola, da Igreja e da sociedade organizada como um todo. Isso porque os estudos têm apontado o aumento do turismo sexual nas cidades litorâneas do nordeste do Brasil, o que denota ações efetivas para uma análise mais aprofundada do fenômeno, a partir das condições ambientais de sobrevivência das famílias.

Com raras exceções, a mídia escrita e falada apresenta o turismo nacional associado às práticas antiéticas, como a exploração sexual. Essa associação à imagem da mulher vem crescendo em Salvador e outras capitais nordestinas. Empresas e indivíduos ativos nesse contexto não percebem os impactos negativos ao desenvolvimento local e/ou regional, e sim como um modo de levar "vantagens" comerciais e lucrativas.

Quanto às jovens baianas, notadamente das camadas socialmente menos favorecidas, com baixa escolarização, o fascínio exercido pelos países desenvolvidos e pelos homens estrangeiros tem sido o maior trunfo dos aliciadores para atraírem suas vítimas. É com essa preocupação que o objetivo principal desta pesquisa consistiu em explicar as motivações que podem levar as jovens soteropolitanas à realização de uma migração internacional e as probabilidades de envolvimento nas redes de exploração sexual. Assim, foi possível perceber as fragilidades, as evidências e o entendimento dos sujeitos da pesquisa sobre os benefícios e os riscos da submissão a uma migração internacional sem as devidas informações dos lugares e das leis migratórias.

O presente capítulo resulta de pesquisas realizadas em três colégios da cidade de Salvador, especificadamente com três grupos de estudantes de Educação de Jovens e Adultos, com a aplicação de 75 questionários e entrevistas. Além das motivações, buscou-se também identificar, entre as mulheres estudadas, os fatores que venham a facilitar o assédio exercido pelos agentes aliciadores do tráfico internacional de seres humanos. Nessa abordagem, indagamos: Por que as mulheres brasileiras estão mais suscetíveis ao recrutamento feito por agentes do tráfico internacional? A resposta a essa questão inquieta promotores, professores, juízes, policiais, Organizações Não Governamentais de defesa dos direitos humanos, órgãos do governo e familiares, mas principalmente as mulheres.

No plano teórico-metodológico, a pesquisa teve início em 2010 e concluída em agosto de 2012. A leitura de autores clássicos e contemporâneos, a compreensão de artigos da Constituição Federal do Brasil, do Estatuto da Criança e do Adolescente e da Lei de Diretrizes e Bases da Educação foram significativos para o embasamento desse estudo. O trabalho de campo perpassou por dois momentos.

No primeiro, pesquisas foram realizadas no Centro Humanitário de Apoio à Mulher (Chame), entidade com sede na Bahia, na cidade de Salvador, com o objetivo de fazer levantamento e análise dos dados cadastrados nesta instituição. O objetivo desta instituição consiste em alertar e prevenir a sociedade para os riscos da exploração da mulher no turismo sexual e nas diferentes formas de migração de recrutamento para o trabalho.

No segundo momento, optou-se pela escolha de três escolas e dos grupos de estudantes para a aplicação dos instrumentos de pesquisa, ou seja, a entrevista e o questionário. Para preservar a integridade física, moral e psicológica dos inquiridos, os nomes das escolas e das estudantes não serão revelados.

Os resultados da pesquisa estão inseridos neste capítulo sob a forma de depoimentos, gráficos e figuras, no intento de proporcionar ao leitor a possibilidade de uma análise aprofundada da problemática apresentada. Os estudos indicam algumas fragilidades nas representações sociais das jovens acerca da migração internacional e do perfil do homem estrangeiro. Buscou-se por meio da pesquisa detectar conhecimentos acerca dos aspectos cognitivos que norteiam a situação das jovens, e como os dados recolhidos podem contribuir para o planejamento local e regional das políticas de cunho social, principalmente da organização curricular da educação básica.

Partiu-se do pressuposto que uma população consciente, profissionais capacitados, governo exercendo efetivamente seu papel de criar diretrizes para prevenção da problemática, empresários e turistas bem-informados formam o cenário para que o turismo/migração possa se desenvolver de forma benéfica e de cunho social sustentável no contexto internacional.

Para fins didáticos, este capítulo está constituído de quatro tópicos mais as considerações. Características e contextualização da população estudada, as variáveis motivadoras do tráfico internacional, o perfil das estudantes com disposição para a migração, a diáspora brasileira e as considerações são elementos constitutivos deste texto.

1) Características e contextualização da população estudada

Os movimentos migratórios são antigos e constituídos de interesse individual e coletivo. O sentido da migração está em mudanças de região, país, estado ou até mesmo domicílio. É algo que já acontece há muito tempo, desde o começo da história da humanidade. Conforme o art. 5º da *Constituição Federal do Brasil*, "migrar faz parte do direito de ir e vir".

Para Leal e Leal (2002, p. 57), *migração é a movimentação de pessoas de um lugar para outro*. A migração pode ser internacional ou interna, muitas vezes, das áreas rurais para as áreas urbanas ou urbana-urbana. As autoras também afirmam que em função da dinâmica dos meios de comunicação há mais pessoas migrando hoje em dia do que qualquer outro momento da história humana.

A decisão de emigrar constitui uma ruptura que marca a fronteira entre o mundo vivido e o não vivido. Para Santos (2008), na atualidade, as mulheres brasileiras têm demonstrado coragem para ultrapassar a "ponte do desconhecido" e superar os medos de "estar" em outro lugar/país, submetendo-se, com maior frequência, à migração internacional com a perspectiva de realização de sonhos.

As variáveis psicológicas, culturais e econômicas são importantes para a compreensão do processo migratório. Como salientou Baganha (2001, p. 135), as migrações internacionais são determinadas pelas desigualdades geoeconômicas entre os países e autossustentadas por redes migratórias formais ou informais, mas, sobretudo, pelo sancionamento político dos Estados envolvidos.

A identificação das causas, da magnitude, da duração e das características foi imprescindível para o entendimento das motivações que poderão levar as jovens soteropolitanas a uma migração internacional. Essa questão merece reflexão, visto que gira em torno das condições em que ocorrem esses processos migratórios: se de um modo livre, que se está exercendo este direito ou se de modo obrigatório, em decorrência de interesses políticos e econômicos, marcando cada vez mais a disparidade entre o mundo da riqueza e o mundo da pobreza, conforme salienta Valim (1996, p. 5).

As migrantes viajam de formas e motivações diferentes. As pessoas mudam para adquirir novas experiências, para melhorar seu padrão de vida, para proporcionar melhores oportunidades aos filhos ou para escapar da pobreza, do conflito e da fome. O fenômeno das migrações internacionais aponta para a necessidade de se repensar o mundo não com base na competitividade econômica e no fechamento das fronteiras, mas sim na cidadania universal, na solidariedade e nas ações humanitárias, no intuito de anunciar e combater a situação de exploração sexual vivenciada por mulheres no processo migratório.

Para Eisensten (2008, p. 5), exploração sexual é uma manifestação de violência que ocorre como forma de trabalho forçado, escravidão disfarçada, principalmente de mulheres, adolescentes e até crianças, que se tornam "produtos" de um mercado de adoção ilegal, em práticas abusivas nas quais a pessoa envolvida fica sem alternativa a não ser submeter-se à exploração para garantir a sobrevivência.

A maioria das mulheres envolvidas com turismo sexual e tráfico internacional é formada por jovens. Estudos anteriores, realizados pelo Centro Comunitário de Apoio à Mulher (Chame), revelam que existe predominância de algumas características no perfil dessas mulheres em fatores como idade, ocorrência de filhos, nível de escolaridade, raça/cor e renda familiar.

Em algumas situações, as péssimas condições de vida da maioria da população brasileira funcionam como o passaporte para o "Primeiro Mundo", o sonho de muitas mulheres que veem o aeroporto internacional e o casamento com um europeu ou norte-americano a saída do universo de miséria e pobreza. É desse estado de carência material e intelectual que agenciadores de mulheres se aproveitam para iludi-las com presentes caros, roupas e restaurantes luxuosos.

Diante desse contexto, outra maneira de os aliciadores atraí-las consiste no anúncio de proposta de casamentos com estrangeiros. Esse tipo de chamariz é largamente utilizado pelas agências de matrimônio, visando a catalogação de mulheres para o tráfico. O

Chame relata que, há pouco tempo, uma agência dessa natureza foi identificada no Bairro da Barra, em Salvador. A polícia encontrou no local mais de 700 fotografias de mulheres candidatas a um casamento com estrangeiros. Em algumas fotos, podia-se ler claramente: "submissas e sem vontade própria" ou "dança e cozinha bem".

Nesse sentido, o assédio dos "gringos" é intenso em cidades do nordeste como Fortaleza, Recife, Maceió e Salvador, onde o turismo representa uma atividade vital. Segundo dados do Chame, a abordagem acontece geralmente em pontos turísticos, praias e bares da orla marítima. Para impressionar as mulheres, os agenciadores apresentam-se como empresários com muito dinheiro disponível para gastar. Proporcionam passeio e uma série de divertimentos, envolvendo-as num falso romance. Armando o "bote", prometem casamento e emprego.

Os pontos de escoamento da rota que compreende o tráfico de mulheres para a Europa são os aeroportos internacionais de Recife, Salvador e Rio de Janeiro, por onde a maioria das brasileiras deixa os trópicos, arriscando tudo no sonho da estabilidade. O que elas não sabem, porém, é que grande parte das emigrantes está vivendo naquele continente sob o sistema de escravidão ou semiescravidão. Daí a indagação: E o papel da educação na vida dessas mulheres que lugar ocupa?

Assim, a teia para a elaboração deste estudo foi sendo construída. Nesse sentido, a pesquisa que foi realizada com três grupos de estudantes da Educação de Jovens e Adultos em três escolas da rede de ensino de Salvador buscou conhecer melhor as estudantes jovens e adultas soteropolitanas, identificando nelas traços de comportamento no cotidiano das relações sociais. O objetivo deste estudo foi identificar as motivações das jovens para a migração internacional.

Embora o mapeamento dos elementos facilitadores da migração não sugira uma correlação automática entre os fatores estudados e a ocorrência de turismo sexual ou tráfico de mulheres, essa reflexão nos permite localizar pontos frágeis: aspectos que tornam uma mulher mais suscetível à ação dos agentes envolvidos na complexa rede de exploração de mulheres, a exemplo da baixa escolarização e da reflexão mais aprofundada do currículo da Educação de Jovens e Adultos.

Para Delors (2001), a educação ao longo de toda a vida é uma construção contínua da pessoa humana, do seu saber e das suas aptidões, mas também da sua capacidade de discernir e agir. Deve levá-la a tomar consciência de si própria, do meio que a envolve e do papel social que lhe cabe no mundo do trabalho e na comunidade. A escola, quando organizada para atender as demandas da sociedade, contribui para melhorar a autoestima de crianças, jovens e adultos que, por razões adversas, vivem e convivem com as condições precárias da comunidade.

No mesmo entendimento Barcelos (2006) alega que uma das contribuições mais generosas da educação, como um ofício e um ato político, é mostrar que certas verdades e representações cristalizadas na sociedade brasileira não passam de mais uma das tantas representações construídas histórica e culturalmente.

Portanto, a realidade cultural de cada comunidade pode ser (re)desconstruída. Essa desconstrução já começa em algumas situações de prática educativa voltada para a reflexão em torno dos contextos e das relações ambientais. Mesmo com todos os equívocos, encontros e desencontros, já existe um grande número de experiências de Educação de Jovens e Adultos sendo desenvolvidas por grupo de profissionais da educação de escolas públicas, privadas ou Organizações Não Governamentais (ONGs) que fazem parte do universo de professores e professoras no Brasil.

Os desafios a serem superados são muitos. O fato é que na prática esses aliciadores de crianças, jovens e adultos têm encontrado no país um terreno fértil para desenvolver suas atividades. A exploração de estrangeiras nos países da Europa atinge pessoas oriundas de regiões pobres do mundo e em vias de desenvolvimento, havendo uma predominância de africanas, asiáticas, latino-americanas e do Leste Europeu.

Como o objetivo desse estudo foi identificar, entre as mulheres estudadas, os fatores que possam facilitar o assédio exercido pelos agentes aliciadores do tráfico internacional de seres humanos foi aplicado um questionário no intento de compreender o universo da pesquisa. A figura 1 evidencia o perfil das pesquisadas com relação à idade e ao estado civil. As jovens estudantes que frequentam o Curso de Educação de Jovens e Adultos têm idades que variam de 15 a 22 anos. Do total, 83% são solteiras e 13% casadas. Esse perfil enquadra-se no quadro de propensão de mulheres que se submetem às migrações internacionais.

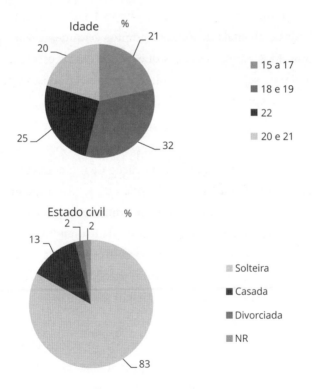

Figura 1 Idade e estado civil do universo pesquisado
Fonte: Pesquisa de campo, 2012.

Diante dessa clientela, o perfil do professor e o currículo escolar requerem novas características para responder às constantes mudanças da sociedade.

> Para se discutir sobre formação docente é preciso esclarecer que entendo a formação como um processo contextualizado que se constrói nas trajetórias da escolarização, nas vivências, nas trocas de experiências ao longo da vida que nos tornam um constante aprendiz, em permanente transformação e em construção de nossa identidade e subjetividade (DANTAS, 2012, p. 148-149).

Entretanto, observa-se que os currículos da educação básica destinados à clientela de jovens e adultos geralmente são os mesmos aplicados para as crianças que frequentam a escola na idade adequada, ou seja, não estão voltados e enquadrados no perfil da clientela que apresenta a distorção série/idade.

Diante dessa realidade na gestão das políticas públicas, tão comum no quadro de distribuição da escolarização para a população brasileira, ressaltamos que a organização de um currículo escolar, focada no mundo da cultura, entende que a "história é um mundo de liberdade, de opção, de decisão, mundo de possibilidade em que a decência pode ser negada, a liberdade ofendida e recusada" (FREIRE, 1996, p. 62). Assim, o progresso científico e o avanço tecnológico que não atendam aos interesses da humanidade perdem toda a significação e razão de existir nos dias atuais.

Dentre cada um dos três grupos de estudantes da EJA, nos colégios pesquisados, foi possível perceber características variadas quanto a uma série de questões consideradas relevantes. Ao procurar saber como elas se identificam enquanto grupo social, 37% responderam que são negras e 34% afirmaram pardas, figura 2.

Figura 2 Identificação quanto à cor da pele
Fonte: Pesquisa de campo, 2012.

Observamos que existe dificuldade por parte das entrevistadas na autodenominação quanto à afirmação racial. Decorrente dos processos de colonização, o Estado da Bahia é composto, predominantemente, por pessoas negras. Na trajetória da pesquisa, foi percebido o interesse das estudantes pesquisadas em se submeter a uma migração internacional. Nos três grupos analisados, 61% declararam ter o desejo de morar no exterior.

Ao perguntar sobre relacionamentos, observou-se nos depoimentos das entrevistadas a ideia romântica acerca do homem estrangeiro. Do grupo analisado, das mulheres que tiveram relacionamento, 40% se conheceram em sala virtual na internet, 40% no ambiente de praia e bar e 20% por meio de amigos. Com relação ao país de origem do namorado, a maior parte é proveniente da Alemanha, seguido da Espanha e Itália, (figura 3).

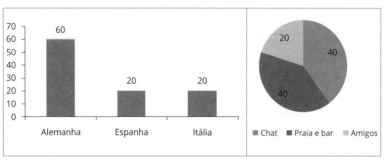

Figura 3 Relacionamentos e país de origem dos estrangeiros (%)
Fonte: Pesquisa de campo, 2012.

Identificou-se a quantidade de mulheres que já namoraram um estrangeiro e, nessa mesma questão, foram adquiridos os dados referentes à quantidade de jovens por cada faixa etária e ainda em que grupo étnico cada jovem se enquadra. Refletindo em torno dessa questão percebe-se que os educadores necessitam estar preparados para lidar com o amadurecimento do educando para a liberdade. "A liberdade amadurece no confronto com outras liberdades na defesa de seus direitos em face da autoridade dos pais, do professor, do Estado" (FREIRE, 1996, p. 119).

A figura 4 evidencia a faixa etária dos namorados estrangeiros e o tempo de relacionamento. Mesmo considerando que a idade constitui um dado relativo, pois nem todos falam a idade que realmente têm, observou-se na resposta das estudantes uma predominância na faixa etária de 24 a 28 anos de idade. Quanto ao tempo de namoro, 40% afirmaram ter mantido o relacionamento de 1 a 3 meses e 20% de 12 a 24 meses. Os relacionamentos afetivos com estrangeiros são rápidos, não só em função da distância física (retorno ao país de origem), como também à dificuldade de convivência cultural.

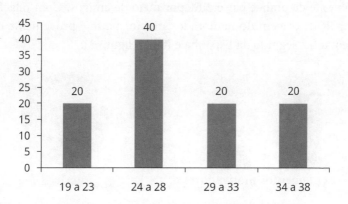

Figura 4 Faixa etária dos namorados e tempo de relacionamento
Fonte: Pesquisa de campo, 2012.

A figura 4 retrata também que os relacionamentos das mulheres com homens estrangeiros são geralmente rápidos. Os homens são turistas, jovens e de procedências diversas, na maioria, oriundos de países do Primeiro Mundo. Vale ressaltar que os relacionamentos com estrangeiros identificados nos três grupos pesquisados não oportunizaram assumir um compromisso sério, como também não favoreceu a melhoria das condições de vida das jovens envolvidas.

Nas abordagens analisadas foi possível perceber no grupo a existência de uma ideia romantizada, uma vez que 46% das jovens acreditam que o homem estrangeiro é mais educado, sensível e rico, o que faz diferenciá-lo do brasileiro. Em qualquer sociedade essa afirmação merece maiores aprofundamentos e vivências. Nem sempre as convivências multiétnicas acontecem de forma tão harmoniosa como às vezes parecem ocorrer.

Nesse sentido, recorremos a Paulo Freire (1996), quando reflete em torno do avanço tecnológico que ameaça milhares de homens e mulheres de perder o seu trabalho, de perder a liberdade, a autonomia, a alegria de viver construindo a sua história com ética e solidariedade. E assim, o homem que não pode usar a sua liberdade para indagar, caminhar e decidir coisas torna-se refém das minorias que comandam o mundo, a serviço da ganância e do lucro.

Quanto ao desejo de morar no exterior, nos três grupos de estudantes abordadas na pesquisa, houve uma predominância de 61% que declararam ter o desejo de morar em outro país, o que denota a necessidade de conhecer sobre as variáveis motivadoras para a migração internacional.

2) Elementos motivadores das migrações internacionais

Durante anos, as instituições públicas de incentivo ao turismo (Embratur e empresas estaduais e municipais de promoção turística) utilizaram na publicidade imagens e textos preconcebidos que poderiam passar a ideia do país como o "paraíso do turismo sexual". Isso porque, nas propagandas publicitárias, as mulheres, inseridas num conjunto de signos da paisagem, quase sempre aparecem com pouca roupa e aparentemente disponíveis para satisfazerem fantasias, o que constitui um tipo de violência simbólica. Leal e Leal (2002, p. 4) definem exploração sexual como:

> [...] uma violência sexual que se realiza nas relações de produção e mercado (consumo, oferta e excedente) através da venda dos serviços sexuais de crianças e adolescentes pelas redes de comercialização do sexo, pelos pais ou similares, ou pela via de trabalho autônomo. Esta prática é determinada não apenas pela violência estrutural (pano de fundo) como pela violência social e interpessoal. É resultado, também, das transformações ocorridas nos sistemas de valores arbitrados nas relações sociais, especialmente o patriarcalismo, o racismo e a apartação social, antítese da ideia de emancipação das liberdades econômicas/culturais e das sexualidades humanas.

Do lado de cá, a idealização do homem estrangeiro como alguém mais rico, poderoso, educado e inteligente. O que é estrangeiro parece sempre melhor. Se as pessoas estrangeiras já são mais atraentes, o país de primeiro mundo parece ainda melhor. As mulheres pesquisadas revelaram o grau de idealização do país estrangeiro como algo positivo. As representações socialmente referendadas apontam quase sempre para uma realidade melhor nos países desenvolvidos, principalmente nos países europeus e da América do Norte.

O Primeiro Mundo concebido por brasileiras e brasileiros é sempre o de uma sociedade com mais oportunidades financeiras, com mais riqueza e conforto. Essa idealização constitui um fator facilitador da ação dos aliciadores, que encontram pessoas receptivas às propostas de migração. Nesse sentido, as respostas das pesquisadas apontaram que quanto mais jovem e de menor escolaridade, maior o fascínio pelos estrangeiros. 80% das estudantes veem o homem estrangeiro como diferente do brasileiro. Essa diferença é quase sempre percebida como algo melhor.

As respostas mais comuns indicam que os estrangeiros são mais educados, sensíveis, bonitos e ricos, o que evidencia o incipiente conhecimento da estrutura econômica, cultural e social dos países do Primeiro Mundo. Os estudos de Santos (2008) revelam que as convivências multiétnicas entre casais de brasileiras e portugueses, por exemplo, nem sempre acontecem de forma harmoniosa e respeitosa.

O primeiro motivador estudado é a idealização feita pelas mulheres sobre os países e os homens estrangeiros. Nesse item, buscamos identificar as razões e os motivos que poderiam levá-las a uma migração internacional. Definidas por emigrar, 70% responderam sim, 30% responderam não. A escolha do país de destino está muito ligada à língua portuguesa, mas migrariam também para um país de língua inglesa e espanhola. No transcorrer da pesquisa, as pesquisadas não demonstraram muito interesse em conhecer a legislação que as ajudassem a chegar e permanecer bem no país de destino. O desconhecimento das leis, das organizações de apoio aos migrantes e do lugar de migração é muito comum por parte de muitas mulheres, sobretudo as que têm baixa escolaridade.

O desejo de trabalhar fora do país é, portanto, o principal motivador das estudantes que desejam migrar (73%), sejam elas estudantes jovens ou estudantes adultas, brancas, negras ou pardas. Nos grupos analisados, os meios que seriam utilizados para a obtenção de informações sobre o país de destino são os mesmos. A internet lidera (32%) nos três grupos, seguida de agências de viagens e amigos, 31% e 14% respectivamente.

A concepção de sociedade e trabalho explicitada por essas jovens evidencia a necessidade de organização curricular da educação básica pautada nos princípios da formação cidadã. "O operário precisa inventar, a partir do próprio trabalho, a sua cidadania, que não se constrói apenas com sua eficácia técnica, mas também com sua luta política em favor da recriação da sociedade injusta" (FREIRE, 1996, p. 114). O processo ensino-aprendizagem, assim como a concepção de educação que perpassa as relações no cotidiano da escola, passa por rupturas, tomada de posição e decisão.

Além do desejo de morar no exterior, foi sondada também a ocorrência de proposta de viagem a um país estrangeiro. Entre as estudantes pesquisadas, 27% já receberam proposta de migração e apenas 6% das estudantes foram sondadas por pessoas para viajar ao estrangeiro. Elas teriam recebido convite para os Estados Unidos, Suíça, Itália, Portugal, Alemanha, El Salvador e Inglaterra. Os estudos têm demonstrado que esses países constituem a rota da migração internacional de brasileiros e brasileiras, onde o tráfico de mulheres e a prostituição aparecem como um problema a ser resolvido pelos países envolvidos e o Brasil (SALES, 1999; MACHADO, 2004; SANTOS, 2008).

Dois terços das estudantes pesquisadas que receberam proposta tinham como foco trabalhar no exterior, enquanto um terço iria a turismo. Nos três grupos de estudantes pesquisadas há uma inversão, o turismo como o motivo principal da viagem, destacando-se com 59% das propostas feitas, seguido de 30% de propostas de trabalho e apenas 4% para estudo. As propostas de trabalho previam atividades de garçonete, dançarina, estagiária, babá e encadernadora.

Nos três grupos de estudantes analisados, a maior parte demonstra ter uma idealização romântica de viver num país estrangeiro, o que evidencia a falta de conhecimento mais profundo sobre o país para onde migrariam. Isso constitui um risco, uma vez que fica mais susceptível o ingresso numa rede migratória de exploração. Anterior à representação positivamente idealizada do homem estrangeiro, há a idealização do país, retratado como um lugar de maiores e melhores oportunidades de crescimento pessoal e profissional. Isso faculta ao estrangeiro interessado em manter uma relação de exploração com mulheres brasileiras maiores possibilidades de ação, principalmente se forem feitas proposta de trabalho e estudo.

3) Perfil das estudantes com disposição para a migração

Apesar da cor negra ser vinculada como requisito para a aceitação pelos estrangeiros, isso não torna a mulher mais ou menos volúvel. Não existe qualquer prevalência em função de características de raça/cor. Os dados estão relacionados com informações relativas ao trabalho, renda familiar e estado civil.

A posição ocupada na escala social é o que determina o significado da migração para cada jovem mulher. Os três grupos apresentam perfis semelhantes em relação às razões que as levariam a viver em outro país. O diferencial está no fato de que algumas estudantes têm maior interesse em trabalhar no exterior, um contingente de 35% das estudantes pesquisadas.

Quando questionadas sobre que fatores poderiam fazê-las resolver mudar de país, muitas opções surgem como alternativa, todavia foi apresentado um percentual de 68% que se nega a migrar sob qualquer hipótese. Nos três grupos pesquisados a falta de emprego e/ou baixos salários (63%) e de dinheiro (31%) aparecem em destaque.

Sob essas condições, 36% das estudantes migrariam mesmo sem dominar o idioma do país de destino, a dificuldade de comunicação de mulheres estrangeiras tem sido um dos principais trunfos dos responsáveis pela exploração para mantê-las sob controle e submissão. As demais estudantes mostram-se ainda mais dispostas a arriscar, 46% delas viajariam sem dominar a língua.

Dois terços das famílias de estudantes jovens não concordariam com a migração delas e 33% das estudantes pesquisadas contariam com apoio familiar para a viagem. Aquelas que teriam a anuência dos parentes, a maior parte apresentou como razões para essa posição fatores ligados a uma idealização positiva da vida em um país estrangeiro. Todas as razões informadas estão ligadas a representações positivas do exterior, que surge como oposto do Brasil, este percebido por elas como um lugar de poucas oportunidades de emprego, estudo e de crescimento pessoal e profissional. Isso reflete a falta de conhecimento das jovens estudantes acerca do mundo do trabalho no Brasil e em outros países.

Entre as estudantes, predomina a facilidade de arranjar emprego como a principal razão para o apoio familiar à decisão de migrar, com 86% das respostas. Nas demais respostas há uma grande variedade, 7% facilidade de melhorar a formação educacional e outro 7% facilidade de emprego e de educação de forma simultânea.

Um aspecto importante a ser considerado é o tipo de informação que as estudantes dispostas a migrar buscariam a respeito do país de destino e os meios que usariam para obter essas informações. Coerentes com as respostas predominantes, elas apontam como área de maior interesse o mercado de trabalho, no país estrangeiro, para onde migrariam. No caso das estudantes pesquisadas, há uma maior distribuição de motivos aventados, mas, em todos os grupos, o mercado de trabalho é o item mais lembrado para quem pensa em migrar.

A maior parte das razões apresentadas para morar em outro país está diretamente relacionada à conjuntura econômica atual do Brasil, em especial ao custo de vida elevado, ao desemprego e aos baixos salários. Entretanto, a partir de 2008 o Brasil aparece na rota da imigração. Para o Presidente da Associação Nacional de Estrangeiros e Imigrantes no Brasil, a maioria dos estrangeiros é qualificada e vem preencher as vagas profissionais em bancos, montadoras, engenharia e telefonia (*Diário de São Paulo*, 27 de julho de 2012).

A baixa qualificação e as precárias condições de vida, no Brasil, contribuem para essa situação. Com esse quadro, as propostas de trabalho que venham a ser feitas tornam-se muito mais atraentes. Num contexto mundial de baixos salários, sobretudo para quem tem escolaridade baixa, e a falta de perspectivas, o país estrangeiro aparece para essas mulheres como uma possibilidade de realização profissional e de melhoria nas condições de vida, mesmo que possuam pouca ou nenhuma informação sobre ele. Dos destinos preferidos pelos três grupos pesquisados, 13% escolheram a Itália, 17% os Estados Unidos e 21% a França. Isso induz à reflexão sobre os caminhos percorridos por brasileiras e brasileiros em toda parte do mundo que favorece a estabilidade momentânea ou duradoura em seu entorno.

Diante desse panorama, urge que a instituição escola, no mundo e no Brasil em específico, reveja suas concepções de educação no processo de formação de professores. Que organize um currículo pautado em reflexões acerca da estrutura da sociedade, da luta contra qualquer tipo de discriminação, contra a dominação econômica camuflada de "ações" para o bem-estar das pessoas, sem considerar a cultura em seus contextos locais, regionais e planetário.

O caminho adotado pelo Estado, por meio das escolas, das famílias e da sociedade como um todo, constitui um referencial positivo no processo de conhecimento acerca dos riscos em realizar uma migração internacional sem as devidas precauções e conscientização dos fatos. O aumento do número de mulheres engajadas nas migrações internacionais induz a necessidade de compreender os pontos e contrapontos da diáspora brasileira.

4) A diáspora brasileira

Diante da perspectiva de entendimento da relação existente dos processos que culminaram com o grande período em que o Brasil se constituía num cais de chegada para povos de diferentes nacionalidades, nomeadamente a europeia, considerou-se relevante discorrer sobre o lugar e o mundo, ou seja, os desdobramentos dos processos imigratórios no Brasil e, posteriormente, sobre a diáspora brasileira e como esta se integra ao mundo.

O pós-1990 é caracterizado pela integração do Brasil nas migrações internacionais, com destino aos países do centro e da semiperiferia do capitalismo. O fluxo imigratório neste país (em menor quantidade) ainda não cessou, mas o destaque é para a emigração brasileira em direção ao país colonizador e não colonizador. O desejo de conquistar a realização profissional e pessoal faz brasileiros e brasileiras engajarem-se num movimento internacional de trabalhadores com as seguintes direções: América do Norte, Central e Caraíbas; Europa; América do Sul e Ásia, África e Oceania. Para melhor esclarecimento e elucidação dessa situação no contexto da cultura, da busca incessante do ser humano por melhores espaços e condições de vida, sugerimos a reflexão em torno de Paulo Freire, quando diz: "Aceitar e respeitar a diferença é uma dessas virtudes sem o que a escuta não se pode dar" (1996, p. 136). No processo migratório, respeitar as diferenças constitui uma condição vital para uma convivência multiétnica.

A figura 5 mostra como está distribuída a comunidade brasileira no mundo. A América do Norte, Central e Caraíbas lidera com 42% de trabalhadores brasileiros. Em segundo lugar, tem destaque a Europa com 23%. Em terceiro lugar, sobressai a América do Sul com 21% e, por último, a região da Ásia, África e Oceania.

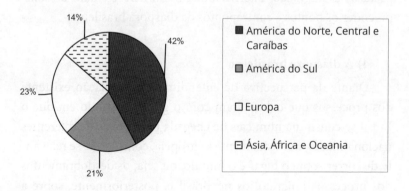

Figura 5 Diáspora brasileira
Fonte: Elaboração própria, com base nos dados do MRE, 2004.

Etimologicamente, a palavra diáspora deriva do grego, *diasperien*, onde dia, *across* e *sperien*, significa *to sow or scatter seeds*, refere-se à dispersão de pessoas que saem do seu lugar de nascimento para outros países em grandes proporções. Para Braziel et al. (2005, p. 1) "diaspora can perhaps be seen as a naming of the orther which has historically referred to displaced communities of people who have been dislocated from their native homeland through the movements of migration, immigration, or exile". Para a autora, a terminologia diáspora pode ser usada para definir outras formas de referências históricas, assim como para definir o deslocamento de comunidades de pessoas de sua nação de origem, mediante os movimentos migratórios, imigração ou exílio. A partir de 1980 brasileiros e brasileiras se deslocam constantemente para vários países do mundo. Esse deslocamento pode ser explicado em função de fatores subjetivos, econômicos, sociais e culturais.

Dos 2.199.639 brasileiros residentes no exterior (MRE, 2004), a parcela numericamente mais significativa da população encontra-se na América do Norte, Central e Caraíbas. Nos Estados Unidos, as cidades de Nova York, Boston, Miami, Houston, São Francisco e Chicago são destacadas como itinerário principal para os brasileiros até o final da década de 1990, figura 6.

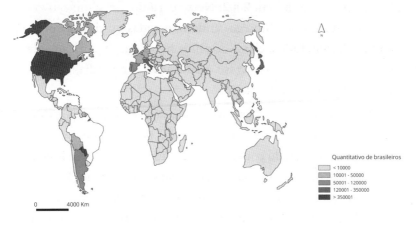

Figura 6 Países de acolhimento de brasileiros
Fonte: Elaboração própria, com base nos dados do MRE, 2004.

A Europa constitui o segundo lugar de acolhimento da população brasileira, com destaque para a Itália, Inglaterra, Portugal, Espanha, Suíça, França, Alemanha, Holanda e Bélgica. Na América do Sul, sobressai o Paraguai, Argentina, Bolívia e Uruguai com a presença da comunidade brasileira. Por fim, destacam-se países como Japão, Angola, Moçambique, África do Sul e Senegal, dentre outros.

A crise estabelecida no Brasil, sobretudo na década de 1990, tem estimulado brasileiros e brasileiras a percorrerem longas distâncias a fim de conquistar as condições objetivas de sobrevivência. No período de 1992 a 2002, o desemprego passou de 6,7% para 9,3% do total da população economicamente ativa, o que significa um aumento relativo próximo a 40% (POCHMANN, 2005, p. 40). Continuando a análise, o autor identificou que do ponto de vista absoluto o desemprego aumentou em todas as classes. O total de desempregados pertencentes às famílias de baixa renda elevou-se de 2,7 milhões em 1992 para 4,8 milhões, dez anos depois. Em relação à classe média alta (apresenta maior escolaridade), o desemprego afetava 232 mil pessoas em 1992 e passou para 435 mil em 2002. Nesse período, foi significativo o crescimento do desemprego, atingindo todas as classes sociais no Brasil, sobretudo a classe de renda baixa que, historicamente, vem sendo excluída do acesso à educação, à moradia, à renda, enfim do acesso à informação.

Ao desenvolver os conceitos de migração e globalização, trouxeram-se os elementos de suporte teórico para analisar a questão investigada, sobretudo com maior atenção às teorias dos sistemas migratórios, da Nova Divisão Internacional do Trabalho (Ndit) e à Teoria do Mercado do Trabalho Dualista. Em decorrência do processo de globalização e no âmbito das teorias das migrações internacionais, o deslocamento do capital para os países de origem dos imigrantes não tem conseguido uma maior conscientização sobre os riscos de submeter a uma migração internacional sem o prévio conhecimento das leis trabalhistas. Isso leva a se compreender que o impacto desse processo está na base de entendimento dos casos de exploração da trabalhadora migrante.

De uma forma geral, a migração pode ser considerada um corretivo da pobreza e da marginalização tanto do indivíduo como do grupo. No caso específico da pesquisa que se desenvolveu com estudantes do sexo feminino, em três escolas da cidade de Salvador, os sujeitos da pesquisa referenciam que a dinamização dos problemas sociais, os baixos salários e a crise econômica, no Brasil, têm motivado o interesse em sair do país. O estudo também revelou a baixa escolarização e o incipiente conhecimento de questões que envolvem o mundo por parte das jovens pesquisadas.

Refletindo em torno do capitalismo "selvagem", da transgressão da ética nos dias atuais, "a fome frente a frente à abastança e o desemprego no mundo são imoralidades e não fatalidades *como* o reacionarista apregoa com ares de quem sofre por nada poder fazer. O que quero repetir com força é que nada justifica a minimização dos seres humanos" (FREIRE, 1996, p. 113). O autor enfatiza a luta contra a desalienação e conclama as pessoas a refletirem em torno das manipulações que tornam opacas a capacidade de crítica e reação às injustiças sociais.

Nesse sentido, a legislação nacional de educação deve ser complementada com temas relacionados com a diversidade de povos e culturas. A LDB 9.394/1996, em seu art. 26, enfatiza que os currículos de ensinos Fundamental e Médio devem ter uma base nacional comum, a ser complementada por uma parte diversificada, exigida pelas características regionais e locais da sociedade, da cultura, da economia e da clientela. A qualidade do ensino e a educação de uma forma geral estão na base de entendimento para ampliar a compreensão de mundo, o que poderá reduzir as vulnerabilidades sociais da população estudada.

5) Algumas considerações

Nessa breve abordagem sobre a temática apresentada, percebeu-se que as principais motivações das estudantes para a migração constituem o desejo de conhecer novos lugares e trabalhar em um país estrangeiro. Favorecendo essa representação, temos a valorização positiva da vida no exterior e a idealização do país estrangeiro como lugar de melhores oportunidades.

As mulheres que se envolvem com homens estrangeiros são movidas pela ilusão do "príncipe encantado". Ele é tido como um meio para o alcance de uma situação de vida melhor, ao lado de um companheiro supostamente com mais atributos do que os homens brasileiros em termos de educação e sensibilidade e em um país com mais possibilidades de crescimento pessoal e profissional.

O estudo aponta que o baixo grau de escolaridade das estudantes brasileiras facilita a ação dos aliciadores de mulheres para o tráfico internacional. E isso pode se dar de diversas formas: a mais tradicional é o recrutamento de pessoas interessadas em trabalhar como dançarinas e que vão para o exterior motivadas por um contato de trabalho aparentemente vantajoso, mas que, na prática, representa a escravidão.

Identifica-se também os recrutamentos camuflados de propostas de casamento com homens estrangeiros e até mesmo alguns casamentos que, na prática, configuram-se em uma união na qual a mulher brasileira serve apenas como objeto sexual, sem possibilidade de interagir com a sociedade por conta das barreiras linguísticas e legais.

Os dados coletados e refletidos na ONG Chame e junto às estudantes soteropolitanas são um alerta para que a população feminina não ceda a esse assédio, normalmente feito sob uma aura de legalidade e transparência. Assim, conhecendo melhor os traços de comportamento e mentalidade que permitem que os aliciadores possam agir com certa facilidade em nosso país, será possível esclarecer as mulheres jovens e suas famílias para essa triste realidade de nossos tempos. Municiadas de informação, cremos que as mulheres estarão mais alertas e deixarão de ser presas fáceis dos vários tipos de exploração.

A problemática da presente pesquisa tem a expectativa de provocar movimentos para uma educação preventiva no sentido de a sociedade atentar para os riscos da exploração da mulher nas diferentes formas de migração e recrutamento para o trabalho forçado (sexual, doméstico e demais modalidades de escravidão, usualmente relacionadas à violência física e/ou psicológica), não respeitando a sua liberdade de escolha.

Todo percurso do confronto entre as ações das políticas públicas para a educação e a realidade detectada nos leva a fazer o seguinte questionamento: Por que não inserir as questões recorrentes de: tráfico, exploração e abuso de seres humanos em geral, na organização da educação básica, através da inserção desses temas transversalmente no currículo?

Grandes são os desafios postos à educação especialmente da realidade brasileira num mundo cada vez mais multicultural. A globalização tem como contraponto os movimentos maciços de população através das fronteiras internacionais em busca de uma vida melhor e, muitas vezes também, para escapar à opressão política e social.

Referências

BAGANHA, M.I. & MARQUES, J.C. *Imigração e política*: o caso português. Lisboa: Fundação Luso-Americana, 2001.

BARCELOS, V. *Formação de professores para a Educação de Jovens e Adultos*. Petrópolis: Vozes, 2006.

BRASIL. *Estatuto da Criança e do Adolescente* – Lei Federal 8.069/1990. Brasília: Imprensa Oficial/Condeca, 2000.

_____. *Constituição da República Federativa do Brasil.* 18 ed. rev. e ampl. São Paulo: [s.e.], 1998.

_____. *PCNs* – Apresentação dos temas transversais. Brasília, MEC/SEF, 1997.

_____. *PCNs* – Introdução aos Parâmetros Curriculares Nacionais. Brasília: MEC/SEF, 1997.

_____. *Lei de Diretrizes e Bases da Educação Nacional* – Lei 9.394, de 20 de dezembro de 1996: estabelece as diretrizes e bases da educação nacional. [s.n.t.].

BRASIL/Ministério da Justiça. *Política nacional de enfrentamento ao tráfico de pessoas.* Brasília: SNJ, 2008.

_____. *Plano nacional de enfrentamento da violência sexual infantojuvenil.* Brasília: MJ/Sedh/DCA, 2001.

BRAZIEL, J.E. & MANNUR, A. *Theorizing diaspora* – A reader. Oxford: Blackwell, 2003.

BUCCI, M.P.D. *Direito administrativo e políticas públicas.* São Paulo: Saraiva, 2002.

CARNOY, M. *Mundialização e reforma da educação* – O que os planejadores devem saber. Brasília: Unesco, 2002 [Trad. de Guilherme J.F. Teixeira].

CHAME. *Projeto de pesquisa tráfico de mulheres, crianças e adolescentes para fins de exploração sexual no Brasil.* Salvador: Prestafi, 2001 [Relatório preliminar da equipe de Salvador].

CUNHA, L.A. "Os parâmetros curriculares para o Ensino Fundamental: convívio social e ética". *Cadernos de Pesquisa,* n. 99, 1996. São Paulo.

CURY, C.R.J. (1992). *A educação na revisão constitucional de 1925-1926* – Relatório de pesquisa. Belo Horizonte: UFMG [Mimeo.].

DANTAS, T.R. "Formação de professores em EJA: uma experiência pioneira na Bahia". *Revista da Faeeba* – Educação e contemporaneidade, vol. 21, n. 37, jan.-jun./2012.

DELORS, J. (coord.). *Educação*: um tesouro a descobrir – Relatório para a Unesco da Comissão Internacional sobre Educação para o século XXI. 6. ed. São Paulo/Brasília: Cortez/MEC/Unesco, 2001.

EISENSTEIN, E. *Tráfico humano e exploração sexual* – Crimes que envergonham toda a humanidade no mundo globalizado. [s.l.]: [s.e.], 2008.

FREIRE, P. *Pedagogia da Autonomia*: saberes necessários à prática educativa. São Paulo: Paz e Terra, 1996.

_____. *Educação e mudança*. Rio de Janeiro: Paz e Terra, 1979 [Coleção Educação e Comunicação, vol. 1].

HAZEU, M. *Políticas públicas de enfrentamento ao tráfico de pessoas* – A quem interessa enfrentar o tráfico de pessoas? Brasília: SNJ, 2008 [Caderno da Política Nacional de Enfrentamento ao Tráfico de Seres Humanos].

LEAL, M.L.P. & LEAL, M.F.P. *Pesquisa sobre tráfico de mulheres, crianças e adolescentes para fins de exploração sexual comercial no Brasil*. Brasília: Pestraf/Cecria, 2002.

LIBÓRIO, R.M.C. & SOUSA, S.M.G. (org.). *A exploração sexual de crianças e adolescentes no Brasil*: reflexões teóricas, relatos de pesquisas e intervenções psicossociais. São Paulo/Goiânia: Casa do Psicólogo/Universidade Católica de Goiás, 2004.

LÜDKE, M. *Pesquisa em educação*: abordagens qualitativas. São Paulo: EPU, 1986.

MACHADO, I.J.R. "Implicações de imigração estimulada por redes ilegais de aliciamento – O caso dos brasileiros em Portugal". *VIII Congresso Luso-afro-brasileiro de Ciências Sociais*. Coimbra: CES/UC, 2004.

MOURA, D.G. & BARBOSA, E.F. *Trabalhando com projetos* – Planejamento e gestão de projetos educacionais. Petrópolis: Vozes, 2006.

ORLANDI, E.P. *Análise do discurso*: princípios & procedimentos. Campinas: Pontes, 2007.

POCMANN, M. "Desemprego desigual". *Revista Ciência Hoje*, vol. 36, jun./2005.

SALES, T. *Brasileiros longe de casa*. São Paulo: Cortez, 1999.

SANTOS, M.G.C. *Um contributo para pensar a geografia das migrações* – A comunidade brasileira na Região Centro de Portugal. Coimbra: UC, 2008 [Tese de doutorado].

SAVIANI, D. *A nova lei da educação (LDB)*: trajetória, limites e perspectivas. 11. ed. Campinas: Autores Associados, 2008.

TRAVANCAS, I. & FARIAS, P. *Antropologia e comunicação*. Rio de Janeiro: Garamond, 2003.

TRINDADE, J. *Manual de Psicologia Jurídica para os operadores de Direito*. Porto Alegre: Livraria do Advogado, 2004.

TRIVIÑOS, A.N.S.; OYARZABAL, G.M.; ORTH, M. & GUTIERREZ, S. (orgs.). *A formação do educador como pesquisador no Mercosul-Cone Sul*. Porto Alegre: UFRGS, 2003.

VALIM, A. *Migrações*: da perda da terra à exclusão social. São Paulo: Atual, 1996.

6
Educação de Jovens e Adultos: entre
menestréis e *parangolés*

VALDO BARCELOS

Quero iniciar este texto, sobre Educação de Jovens e Adultos, reproduzindo uma pequena história narrada por Augusto Boal (1931-2009), o criador do *Teatro do Oprimido* e alguém que considero um exemplo de educador popular no Brasil e no mundo. Ocorreu em 1999, no Teatro Glória, Belo Horizonte, num evento onde se reuniram vários grupos populares de teatro. Um deles denominava-se *Marias do Brasil*. Era constituído por 13 mulheres. Todas de nome Maria e todas empregadas domésticas. Como é de costume, após a apresentação, as atrizes voltaram ao palco e foram aplaudidas. Apenas uma Maria não retornou. Boal então perguntou para a organizadora do evento por que faltava uma das *Marias*. Ela lhe respondeu que uma Maria tinha ficado no camarim chorando muito. Augusto Boal se dirigiu, então, ao camarim para falar com a "Maria chorona". Começa o seguinte diálogo:

Augusto Boal: Maria, o que aconteceu? Por que estás chorando e não voltou para ser aplaudida?

Maria: Uma boa empregada doméstica tem que ser invisível... Quanto menos for vista, melhor... Lava, passa, faz comida, arruma a cama, recolhe as meias, as cuecas, as calcinhas da patroa, tira o pó, varre a casa etc. O importante é que isto seja feito sem que ninguém veja. Hoje quando eu estava no palco o rapaz da iluminação fazia com que a luz incidisse em mim, para eu ser vista. O rapaz do som ajeitava o microfone da melhor maneira para eu ser ouvida.

Augusto Boal: Fiquei admirado pensando que esses seriam motivos para alegria e não para choro, para tristeza.

Maria: Agora quando eu estava no palco, a família para quem eu trabalho, há 10 anos, estava na plateia me vendo e me ouvindo atentamente. Pela primeira vez, em 10 anos, fui vista e ouvida por eles. Agora sabem que eu existo.

Augusto Boal: Insisti que isso era motivo para alegria e não para tristeza.

Maria: No palco eu não chorei. Chorei depois no camarim. Chorei quando me sentei e olhei no espelho! Sabe o que eu vi? O que foi que você viu?, perguntou Boal. Olhei o espelho e vi uma... MULHER!

Augusto Boal: Fiquei mais espantado ainda. Mas Maria, todos os dias quando eu faço a barba e me olho no espelho eu vejo um homem. Isso é natural. Nada mais natural que ela visse no espelho uma mulher. Maria respondeu:

Maria: Natural não! Essa foi a primeira vez que eu vi uma mulher no espelho.

Augusto Boal: E antes o que você via quando olhava no espelho?

Maria: Antes de fazer teatro, no espelho eu via uma empregada doméstica.

Augusto Boal: O teatro lhe permitiu ver que ela era Maria, era mulher: Maria era Maria e não apenas o uniforme que escondia o seu corpo.

Maria levantou a cabeça! (BOAL, A. *O teatro como arte marcial*, 2003, p. 12).

1) Primeiro olhar

> *A realidade não é assim, está assim*
> (FREIRE, P. *O grito manso*, 2003).

A expressão *menestrel* utilizada no título deste capítulo é uma analogia ao poeta, cantador ou trovador nômade plebeu, que na

Antiguidade, perambulava pelas praças e ruas das antigas cidades – burgos – recitando seus poemas ou fazendo serenatas a serviço de um rei ou de uma corte de nobres. Mais recentemente surgiu em algumas cidades dos Estados Unidos um novo tipo de artista popular: os comediantes negros ambulantes, chamados também de *menestréis*. Pois se os antigos *menestréis* tinham que encantar os reis e as famílias nobres de então, o que é exigido dos(as) educadores(as) que trabalham com a Educação de Jovens e Adultos (EJA) é uma tarefa não menos difícil: trata-se de encantar – talvez re-encantar – estes homens e mulheres jovens e adultos que já passaram por várias experiências de escola, e delas, não raro, têm tristes recordações. É uma tarefa nada fácil.

Talvez uma das grandes diferenças entre os *menestréis* medievais e os *menestréis* da EJA é que, enquanto aqueles podiam até ficar ricos, se caíssem nas graças de algum rei, os *menestréis* pós-modernos da EJA não correm jamais esse risco. Haja vista o salário que os governos atuais lhes destinam.

Vamos agora ao que nos remete a expressão *parangolé*. Em uma entrevista para a Heloísa B. de Hollanda, o antropofágico e tropicalista Helio Oiticica ao se referir às patrulhas ideológicas, aos cânones e aos modelos em exaustão nas artes em geral, assim se manifesta: *"A minha posição foi sempre de que só o experimental é que interessa, a mim não interessa nada que já tenha sido feito [...]"* (In: SALOMÃO, 2003, p. 100). Com a devida licença que se permite ao artista, na EJA há que dar uma atenção muito especial às experiências que esse tipo de educando(a) carrega em seu devir. Seu corpo e sua alma estão marcados por seus sonhos, desejos, conquistas, fracassos, tentativas e desistências. Seu corpo é sua casa e sua casa seu corpo: *parangolé* (OITICICA, 2003). Como no movimento de rotação cinética dos corpos envoltos pelo *parangolé* há que se estar atento(a) àquilo que estes(as) educandos(as) trazem com seu movimento de retorno à escola. Para aquilo que eles presentificam, realizam, denunciam ou celebram. Para não me estender em demasia tomo a metáfora do *parangolé* como uma forma de radicalizar na valorização da experiência vivida na EJA. E vale ressaltar: a experiência de educadores(as) e de educandos(as). Uma experiência aliada e valorizada pelo diálogo com o novo, com o diferente, com o esplendor do corpo e da alma se renovando – pelo aprendizado – a cada momento/movimento de aproximação com o outro, numa busca incessante de prazer: uma dança, uma coreografia que se adapta com extrema facilidade aos novos e diferentes. Enfim, corpo e mente como fonte de permanente renovação. Como *inventores* (OITICICA. In: FAVARETO, 2000) permanentes de *coreografias* numa *performance* de inesgotável renovação.

Olhando para a educação, isso pode ser colocado para conversar com o que ensinava o menestrel da educação brasileira, Paulo Freire: aprendemos sempre e, uns com os outros, entre outras razões porque somos seres inacabados. Assim que, nada melhor para o trabalho com a EJA que aceitar o desafio de ensinarmos/aprendermos em comunhão. Valorizando radicalmente nossas experiências, subjetividades, histórias, trajetórias e individualidades. Ou seja: cada um que confeccione seu *parangolé metodológico*, didático, pedagógico e avaliativo. Vida longa à Invenção! *Parangolé!*

Serão apresentadas neste texto uma síntese das experiências em projetos de pesquisa, de extensão e de formação de professores para a EJA em atuação nas redes de ensino municipal e estadual de diversas regiões do Brasil. Uma abordagem mais ampla destas experiências foi publicada na forma de três livros pela Editora Vozes.

Este capítulo se constitui em mais uma contribuição no sentido de começar a pagar um pouco da longa e histórica dívida que a sociedade brasileira tem para com uma enorme parcela de sua população. Refiro-me ao fato de ainda vivermos, em pleno terceiro milênio, em um país em que milhares, milhões de homens e mulheres não partilham da beleza e da magia que é ler e escrever. Se por muito tempo convencionou-se dizer que homens e mulheres fazem a história cada vez mais se percebe que, muito mais que isto, esses homens e mulheres são a história (BARCELOS, 2001). É a partir dessa invenção da história que a educação nasce e se constitui como componente decisivo no diálogo entre história e cultura. Para Freire (2001) é dessa relação indissociável que se deve partir no processo educativo. Para este educador há que ter sempre presente algo que mesmo parecendo uma obviedade é, com frequência, esquecido por boa parte dos administradores, gestores do ensino e até mesmo por muitos educadores. Estou me referindo ao alerta feito por Freire de que está mais do que na hora de irmos além da máxima materialista e dialética de que os homens fazem a história e passar a entender homens e mulheres como instituintes e instituidores da história mesma. É a partir dessa (re)invenção da história que a educação nasce e se constitui como componente decisivo no diálogo entre história e cultura. Freire (1985) por toda sua vida tentou mostrar que não é dentro da cabeça de educandos e educandas que se faz educação. Mas sim, que o educar-se é um processo que se dá em um contexto histórico, político, ideológico. Enfim, é um processo permeado pela cultura de um tempo e de um lugar. Por outro lado, sabemos que as relações entre os seres vivos em geral, e entre os seres humanos em particular, é uma troca de significados e de experiências. Entre as importantes relações particulares que se dão entre os seres humanos estão as nossas práticas educativas e pedagógicas. Uma das tantas decorrências disso é o fato de que a educação nunca foi, não é e jamais será um processo neutro. Como seres inacabados somos capazes também da invenção e (re)invenção deste processo de devir que é a viabilização de nossa existência no e com o mundo. A isso eu denomino de devir-ser ecológico. Ecológico, aqui tomado, no sentido de que é um processo de formação que procura estar sempre em diálogo com a memória, com os saberes e fazeres, com as diferenças e com os diferentes, com o contraditório e com os contrários, com os desejos, com os conhecimentos científicos adquiridos de todos(as) aqueles(as) envolvidos(as) no redemoinho que é a vida em suas mais complexas e curiosas formas de manifestação. Sim, porque a vida e todas as pessoas são curiosas, como fez questão de lembrar o poeta Fernando Pessoa nesta bela saudação poética:

As viagens, os viajantes – tantas espécies deles!
Tanta nacionalidade sobre o mundo! Tanta
(Profissão! tanta gente!)
Tanto destino diverso que se pode dar à vida,
À vida, afinal, no fundo sempre, sempre a mesma!
Tantas caras curiosas! Todas as caras são curiosas
E nada traz tanta religiosidade como olhar
(muito para gente).
A fraternidade afinal não é uma ideia revolucionária.
É coisa que a gente aprende pela vida afora,
(onde tem que tolerar tudo).
E passa a achar graça ao que tem que tolerar,
E acaba quase a chorar de ternura sobre o que tolerou!
(PESSOA, F. *Ode marítima*, p. 67).

Em função disso, e de muitas outras questões não mencionadas aqui, é que as pesquisas e estudos sobre a formação dos profissionais da educação que atuarão na Educação de Jovens e Adultos se faz não só necessária como urgente. A Educação de Jovens e Adultos está para além de uma mera técnica pedagógica ou de uma obrigação dos dirigentes políticos. A Educação de Jovens e Adultos traz em suas raízes um desejo de humanidade, uma vontade de escuta do outro, de reconhecimento do outro como um outro legítimo em seu ser como pessoa no mundo.

Foi com essa intenção que tomei, no início deste texto, o exemplo do teatro do oprimido de Augusto Boal e sua forma muito especial de proporcionar àquela Maria o prazer e o reconhecimento do direito de que é um ser *no* e *com* o mundo, como dizia Paulo Freire, e não apenas mais um consumidor, mais um ser a serviço de outrem.

É nesse sentido que a educação em geral e a Educação de Jovens e Adultos, em particular, se constitui em um direito fundamental da pessoa. Quero ressaltar que penso o direito à educação dos jovens e adultos como uma questão de direitos humanos no mundo em que vivemos.

2) Professores(as) de EJA: afinal quem é esse(a) educador(a)?

> Ler livros geralmente se aprende na escola, outras leituras se aprendem por aí, na chamada escola da vida: a leitura do voo das arribações, que indicam a seca, independe da aprendizagem formal e se perfaz na interação cotidiana com o mundo das coisas e dos outros" (LAJOLO, 2000).

Partindo dessa breve introdução é que coloco a seguinte pergunta: *Afinal quem é este(a) educador(a) que trabalha com a Educação de Jovens e Adultos e como se dá a sua formação?*

Para responder a esse questionamento inicial vou começar apresentando o depoimento de uma colega professora, diretora de uma escola e professora de EJA – alfabetização. Da mesma forma, as aproximações que vou fazer com a formação de professores(as) se dará concomitantemente com as reflexões feitas sobre os depoimentos e narrativas apresentadas no decorrer do texto. As narrativas e as vivências aqui apresentadas e comentadas foram produzidas em pesquisas feitas junto a alunos alfabetizandos da EJA, bem como em cursos de formação continuada para professores(as) envolvidos(as) profissionalmente com a alfabetização de adultos. Começo com a narrativa de uma professora-diretora de escola onde a EJA tem turmas noturnas.

> Quando uma colega diretora de outra escola me telefonou, dizendo que eu me preparasse para receber em minha escola, no dia seguinte à noite, um "presidiário bandido" que estava em regime aberto, entrei em pânico... fiquei imaginando como eu faria... como deveria me comportar na conversa que ia ter com ele na noite seguinte quando o referido aluno que cursava Educação de Jovens e Adultos (EJA) – alfabetização – me pro-

curasse na escola com a sua transferência em mãos...
era a primeira vez que eu ia ter na minha escola um
bandido estudando...

Essa narrativa faz parte de um sincero e emocionado depoimento feito por uma colega professora num dos cursos de formação continuada sobre EJA que tenho ministrado para professores(as) das redes municipais e estaduais de educação. Esse trabalho na EJA, que comecei através de projetos de educação ambiental no processo de alfabetização de adultos em escolas noturnas, tem me levado a viver experiências pessoais e profissionais ímpares. Experiência aqui tomada no sentido daquilo que amplia meu repertório de possibilidades de trabalho como educador e como pessoa. Quando falo de experiência significativa para a formação refiro-me a algo semelhante ao que propõe Larrosa (2002) ao se referir à experiência e ao sentido. Para esse autor experiência não é a mesma coisa que informação. Podemos ser portadores de muitas informações e de pouca ou nenhuma experiência sobre elas. Minha orientação quanto à experiência está ligada a uma representação, a um imaginário no qual experiência não é apenas informação ou simplesmente aquilo que nos acontece, mas, sim, aquilo que fazemos com aquilo que nos acontece. Conforme Larrosa (2002, p. 212), a experiência vista como *"aquilo que nos toca"*. Sim porque muitas coisas nos acontecem nos tempos de Pós-modernidade em que vivemos. Cada vez mais somos bombardeados por uma gama maior de informações e eventos. Contudo, nem todas essas informações e/ou esses eventos tocam nossos sentidos. O trabalho educativo acontece em um tempo-espaço muito peculiar: o tempo-espaço da escola e das suas relações. A escola como um dos territórios da experiência sensível. Um lugar de palavras, gestos, silêncios, atitudes. Lugar de experiências vivas e vividas.

É tomando a experiência como um processo que acontece num espaço-tempo vivido, como uma forma de dizer de si e do mundo, que acredito na sua grande potência criativa para a construção de conhecimentos e saberes em relação à formação de professores(as). Mais ainda, refletindo sobre quais conhecimentos e/ou saberes deveriam compor o repertório de educadores e educadoras para dar conta, minimamente, das questões de nossa época. Afinal, que exigências estão colocadas para uma formação de professores(as) que leve ao desenvolvimento daquilo que Lüdke (2001, p. 7) denomina de uma "prática docente efetiva" no cotidiano escolar? Que saberes e fazeres serão necessários para proceder à exigência, há tempos requerida aos profissionais da educação no sentido de "reinventar a escola para que ela cumpra sua fatia de responsabilidade na organização da sociedade e da natureza para aumentar o prazer no mundo" (GROSSI, 1992, p. 117). Uma escola, um espaço educativo para jovens e adultos que, como já defendia Freire (1970), no *Pedagogia do Oprimido*, pense os seres humanos como seres inconclusos. Tal escola estará contribuindo, assim, para que seus educandos(as) se façam cientes dessa inconclusão, incentivando-os(as) para a busca de um devir ser mais.

Estou convencido que a(s) resposta(s) para essa importante indagação não virá de uma pessoa, menos ainda de uma área específica da produção de conhecimento. Contudo, me filio àqueles(as) educadores(as) que defendem que os saberes das diferentes profissões estão relacionados ao contexto de seu trabalho. Vejo os saberes como algo intrinsecamente ligado à vida – são as viagens que realizei, são os livros e revistas que li, a música que me tocou, as amizades, as paixões e amores que vivi, o ódio que senti (se senti), as conversas de que participei. Enfim, é aquilo que forma o meu acervo de conhecimentos. É o conteúdo misterioso deste baú chamado memória. Essa ligação entre o saber e a vida é que talvez faça com que seja ele – o saber – pessoal e intransferível. Algo semelhante ao que defende Sarmento Guerra (2001, p. 36) quando diz que *"Saber não se transmite, o que sei só eu continuarei sabendo – desde que não esqueça – pelo resto da vida".*

É por acreditar na possibilidade de inclusão de amplas camadas da população, historicamente excluídas, que identifico, na

Educação de Jovens e Adultos, um papel social fundamental. Não como libertador ou revolucionário, mas sim como um ponto de partida importante para a ampliação dos espaços de participação na vida pública nas suas mais diferentes formas de manifestação. É dessa participação que advirá a inclusão. A educação pode contribuir em muito para esse processo se a tomarmos como algo que busca parcerias, diálogos e alianças entre educadores(as) e educandos(as) e entre conhecimentos científicos e saberes das comunidades e/ou das pessoas. Ao retomar minha experiência no trabalho com jovens e adultos alfabetizandos percebi que aquilo que era para ser apenas mais uma contribuição da educação ambiental, para a formação de pessoas com uma prática social e ecologicamente mais justa, acabou se transformando, para mim, em mais um desafio como educador e ecologista. Tão logo comecei a trabalhar com educação ambiental desconfiei das posturas e representações que viam a mesma como algo restrito à relação com a chamada "natureza" – sobre isso acabei realizando mestrado (1996) e doutorado (2001). Acabei optando por um trabalho em que as questões ambientais tivessem uma abrangência que contemplasse as relações sociais, políticas, econômicas. Enfim, que privilegiasse as questões culturais. Tal opção me proporcionou estabelecer diálogos da maior riqueza simbólica e da maior dramaticidade social – o relato da professora sobre o aluno transferido para sua escola é apenas mais um dos tantos exemplos encontrados. Continuando a conversa com a professora (no intervalo do curso) ela foi além do relato. Contou-me que tão logo recebeu o telefonema de sua colega diretora formou-se em sua ideia uma imagem de como seria o novo aluno. Segundo essa imagem seria de um homem negro, grande. Enorme fisicamente. O corpo cheio de tatuagens que poderiam ser vistas nos braços musculosos que apareciam facilmente já que usava uma "camiseta de física" sem mangas. Confidenciou-me que passou o resto da noite, e o dia seguinte, muito incomodada com o que lhe esperava – literalmente em cólicas, como se diz na gíria.

Qual não foi sua surpresa quando, no dia seguinte, ao chegar à escola encontra lhe esperando na porta de sua sala um rapaz loiro e de aparência frágil. Vestia uma camisa "polo" azul cuidadosamente "ajeitada" para dentro da calça bege que usava. Calçava um par de sapatos pretos exemplarmente lustrados. O cabelo estava cortado curto e muito bem-penteado. A barba parecia ter sido feita especialmente para a ocasião. Enquanto ela abria a porta da sala, o rapaz pediu-lhe licença, deu boa noite e se apresentou: era o "presidiário bandido" em regime aberto se apresentando para seu primeiro dia de aula na nova escola. O rapaz contou, então, que em função do novo emprego que havia conseguido, fora transferido para aquela escola já que esta ficava mais perto do mesmo. A professora, que teve nesse momento uma grande *experiência* sobre o que é o preconceito, disse: *"quase tive um treco"*. Ela contou-me que ficou realmente impressionada com a rapidez e naturalidade com que tinha formado uma representação psicológica e física sobre como seria o futuro aluno mesmo sem nunca tê-lo visto. Nem sequer sua voz tinha ouvido.

Sem dúvida alguma que não está em jogo aqui – pelo menos de minha parte – fazer qualquer tipo de julgamento sobre a atitude da professora. Acredito que a grande contribuição desse depoimento é, justamente, o fato de podermos refletir sobre ele. Um relato da maior importância principalmente pelo fato de o mesmo ser feito de forma voluntária pela professora. Ao mesmo tempo em que a professora falava, eu podia sentir o quanto ela mesma tinha ficado chocada com a sua atitude. O quanto estava surpresa com a facilidade com que associou "bandido", "presidiário", com a cor da pele da pessoa, só para ficar com um dos preconceitos mais frequentes em nossa sociedade. Não se trata de ficarmos imaginando que nós, professores e professoras, tenhamos que ser seres perfeitos ou que não tenhamos contradições e/ou fragilidades pedagógicas e de formação como pessoa. A nossa formação como educadores(as) passa, necessariamente, pelo nosso cotidiano. Ela – a formação docente – está intimamente ligada aos nossos costumes, hábitos, conceitos, preconceitos. Tem muito que ver com nossas representações e com o imaginário social vigente. Enfim, formação e experiência são irmãos inseparáveis.

É baseada nessa compreensão do processo educativo que Madeira (2000) chama a atenção para o fato de que não podemos descuidar de que aquilo que somos, ou seja, as representações que temos são construídas através da história, no decorrer de nossas vidas, e é nesse processo de vida e existência que são elaborados e (re)elaborados nossos valores, conceitos, preconceitos, imagens simbólicas, afetos. Essas palavras negadas, esses silenciamentos impostos, fazem parte de todo um processo histórico de dominação e colonialismo. Afinal, já se passaram quinhentos anos da chegada ao continente americano dos navegadores europeus. Mesmo a grande promessa da Modernidade de *educação para todos* não foi capaz de evitar este processo de exclusão. Ao contrário, em muitos casos acabou aprofundando as injustiças sociais e ecológicas advindas dos processos de discriminações e degradações.

No trabalho educativo com jovens e adultos há que se levar em consideração essas questões históricas, políticas, econômicas. Enfim, culturais. Ou faz-se essa escuta ou teremos muitas dificuldades em reconhecer que o envolvimento dos(as) educandos(as) – tanto jovens como adultos – se dará com mais facilidade se o processo de alfabetização partir de situações familiares aos(às) mesmos(as). Algo na perspectiva freireana em que se tem que *"as crianças e adultos se envolvem em processos educativos de alfabetização com palavras pertencentes à sua experiência existencial, palavras grávidas de mundo. Palavras e temas"*. A Educação de Jovens e Adultos assim vista contempla com mais facilidade não só o processo de aquisição da leitura e da escrita, como age como facilitadora "da compreensão científica que grupos e movimentos podem e devem ter acerca de suas experiências" (FREIRE, 1993, p. 29). Pensar a Educação de Jovens e Adultos sem levar em conta esse processo de silenciamento, pelo qual passaram boa parte daqueles e daquelas que hoje, já em idade avançada, tentam retornar à escola, é um grande equívoco. Trata-se de um grave equívoco político seguido de uma preocupante incompreensão pedagógica.

Esse processo de reconstrução é uma das tarefas mais urgentes e meritórias do trabalho de alfabetização de jovens e adultos. Não apenas pelo fato de incluir os mesmos no mundo da leitura e da escrita, mas também, e isto é da maior importância política, ser um passo importante para reacender nessas pessoas a crença na sua potencialidade. No fato de desafiá-las a enfrentar novos desafios, as provoca no sentido de recusar aquilo que Freire (1993) chamou de explicações fatalistas e deterministas da história. Nessa recusa é que pode residir o começo de um processo de autonomia de homens e mulheres, independentemente de suas idades. Isso prova que sempre é tempo de recomeçar em educação – ou em muitos casos começar pela primeira vez – e sentir-se fazendo o tempo histórico ao mesmo tempo em que se refazendo nele e com ele.

Atualmente há consenso entre os(as) educadores(as) quanto a que esforços devem ser empreendidos no sentido de promover/incentivar a inclusão e a convivência, sem esconder nem ressaltar as diferenças, mas sim acolhendo-as como parte instituinte e instituidora de cada uma das pessoas. Esse é um pressuposto básico para a promoção da inclusão, tarefa da qual a escola não pode tergiversar (BARCELOS, 2004). De outra forma, é justamente a existência das diferenças que, como ensina Arendt (1997), permitem-nos dizer que cada ser humano é diferente do outro, é único em sua diversidade. Isso exigirá, também, uma postura/ação por parte da escola, que respeite essa característica. Uma educação que reconheça essa necessidade estaria contemplando a boniteza como uma das exigências propostas por Paulo Freire quanto à prática educativa. Boniteza essa que só poderá acontecer no respeito pleno à diferença, na humildade, nos diferentes ritmos de tempo – por exemplo, do tempo diferente de aprendizagem de cada aluno(a) –, na solidariedade e no respeito às diversidades de toda ordem. Enfim, na aceitação do outro como legítimo em seu ser/estar no mundo, desde que esse(a) outro(a) tenha como orientação a paz, a justiça, a cooperação, o cuidado de si e para com todos os(as) outros(as).

Vou encerrar este texto como o comecei: relatando um diálogo que por sua vez me foi reproduzido por uma colega professora e pesquisadora em imaginário social e educação. O diálogo aconteceu num dos tantos corredores de uma das tantas escolas onde, à noite, jovens e adultos comparecem para reiniciar seu processo de alfabetização. Este inusitado diálogo aconteceu entre uma professora e um aluno da EJA.

Primeiro dia de aula. O aluno recém-chegado à escola – já um pouco atrasado para o primeiro período – encontra no corredor de entrada uma professora e pergunta:

– Professora, sou aluno da alfabetização noturna. Onde fica minha sala de aula?

A professora devolve a pergunta com outra:

– Que série você está cursando, meu rapaz?

– Eu sou da turma dos que não sabem nada... Sou da turma dos burros...

– Há... então sua sala é lá no final do corredor, a última porta virando à direita.

– Muito obrigado, professora – disse o jovem.

O rapaz saiu apressado, como tinha chegado, e faceiro por ter achado rápido a sala onde estudavam os que não sabiam NADA... OS BURROS(!).

A professora seguiu tranquila seu caminho até desaparecer no final do corredor...

Ela sabia para onde ir.

Afinal, fazia parte da turma dos que sabiam... TUDO(?).

3) Diálogos e sustos: vivendo e aprendendo

Na Educação de Jovens e Adultos estamos em um momento de intenso processo de avaliação e reavaliação. Muito se avançou. Muito se tem questionado sobre nossas práticas educativas, avaliativas, pedagógicas, didáticas. Enfim, nossas diretrizes curriculares, formativas inicial e continuada de professores(as) estão em discussão. De outra forma, as políticas públicas de gestão educacional estão sendo vistas e revistas. Isso é muito bom. A Educação de Jovens e Adultos, por ter em sua origem a ideia generosa de que se aprende por toda a vida e de que a alfabetização é um passo fundamental na construção da autonomia de homens e mulheres no mundo, tem o compromisso de estar permanentemente atenta às mudanças que acontecem na sociedade. Na primeira parte deste texto o relato apresentado pela professora-diretora de escola sobre sua representação sobre o aluno "presidiário bandido" foi por ela percebida no dia seguinte. Contudo, isso só aconteceu em função de um encontro futuro com o aluno em questão e ela teve a oportunidade de ser desafiada em perceber a dimensão de suas ideias e preconceitos. Afinal apareceu na sua frente uma figura humana totalmente diferente da representação que ela havia construído anteriormente. Essa presença, agora não mais uma representação imaginária, a desafiou a (re)desconstruir suas concepções e verdades. Algumas das quais já bastante cristalizadas em seu imaginário social. Na formação de professores(as), esse olhar para "dentro de si", buscando reconhecer nossas próprias representações, é um movimento que não pode ser desconsiderado. Arrisco-me a dizer até que podemos começar desse lugar. Isto tem que ver um pouco com o que Paulo Freire nos alertava quando afirmava que mais do que seres no mundo, somos presenças no mundo, com este e com os outros e outras. E é a partir do reconhecimento da presença deste(a) outro(a) como um "não eu" que nos reconhecemos como nós mesmos.

Em um curso de formação de professores(as) de EJA (2004), após o trabalho expositivo de uma manhã, reiniciei os trabalhos do período da tarde solicitando que as professoras participantes (só havia mulheres neste curso) falassem um pouco de suas experiências com a EJA, já que ali todas eram atuantes nessa modalidade. Algumas, inclusive, já com larga experiência. Qual não foi minha surpresa quando, após um longo silêncio (que em geral é normal nessas ocasiões), várias professoras disseram que não tinham nada para relatar. Que não tinham nada de importante para apresentar para as pessoas presentes. Após insistir um pouco mais e perceber que elas não iriam mesmo falar de suas experiências, tomei a iniciativa e pedi para que uma delas lesse o seguinte depoimento de uma aluna da EJA, de um projeto de alfabetização que desenvolvi em uma escola estadual:

> Tentei voltar a estudar por três vez... na primeira fiz a minha matrícula e nem fui até a escola... na segunda fui até o portão do colégio e voltei pra minha casa... na terceira entrei até dentro do colégio... até andei pelos corredor... quando tocou uma sineta saí correndo porta a fora e ganhei a rua... na quarta tentativa em que me matriculei repeti tudo o que tinha feito nas outras vez e fui mais longe... achei a sala de aula onde eu deveria estudar e entrei... levei um baita susto... a professora tinha chegado mais cedo... a danada... e já estava lá dentro... e eu como sou muito envergonhada não tive coragem de voltar pra trás e fiquei sentada lá no fundo daquela sala... as minhas pernas tremiam... não via a hora da infame da sineta tocar de novo e eu me mandar dali... a professora conversou com todos nós... era uma mulher normal... assim até que nem eu... tinha filhos... era casada... fui ficando... voltei no outro dia... no outro... e estou aqui até hoje... ninguém mais me tira da escola... ainda mais que já sei até ler...

Como muito frequentemente ocorre após esse depoimento ser lido, a emotividade vem à tona com muita força. Logo após os primeiros comentários sobre a fala da aluna, várias professoras participantes começaram a relatar situações semelhantes a esta vivenciadas por elas em suas respectivas escolas. Na medida em que cada uma ia falando de suas experiências, as outras começavam também a falar das suas. Passados não mais de uns dez minutos estavam todas falando ao mesmo tempo e querendo contar, uma mais apressada que a outra, as suas histórias sobre a EJA. Pedi então que nos organizássemos para que falasse uma de cada vez para que todos(as) nós pudéssemos refletir sobre os relatos e experiências descritos.

A partir de então pude mostrar a elas, concretamente, o quanto eram ricas suas experiências e que o que acontecia em uma escola, município ou estado em muitos casos não diferia muito de outros. Ao mesmo tempo, eram experiências pessoais e carregavam consigo suas especificidades e subjetividades. Tínhamos a tarde para trabalhar e acabamos ficando até o início da noite debatendo e trocando ideias sobre as experiências vividas pelo grupo. Outra importante contribuição tirada pelo grupo foi a reafirmação da importância de darmos atenção àquilo que fazemos em nossa prática cotidiana escolar. Não foi difícil para o grupo perceber o papel importantíssimo da autoformação aliada à troca de experiência entre colegas. Esse momento de troca é uma excelente oportunidade para fazermos da vivência individual, de um fato vivido no cotidiano, um ponto de partida para a troca de experiências. Pois como muito bem chama a atenção Larrosa (2001) há que dar uma atenção muito especial àquilo que nos acontece e que nos toca. Aqui reside a diferença entre o simples acontecimento e o que fica em nós deste acontecido. Sim, porque muitas coisas nos acontecem a cada dia, cada hora. No entanto, nem todas elas nos produzem sentidos. Nem todas – ao contrário, são poucas – nos levam a parar para pensar, parar para reavaliar, parar para agir de forma diferente. Muitas são as causas para esse *não parar, esse não sentir*. Não esqueçamos que vivemos, hoje, em um mundo paradoxal. Ao mesmo tempo em que temos acesso a tanta informação disponível e circulando em uma velocidade antes nunca vista, às vezes, nos sentimos totalmente desinformados. A essa verdadeira poluição informacional o pensador francês Edgar Morin (1981) denomina paradoxo informacional. Algo semelhante ao que o pensamento ecologista chama de "poluição cinza" em contraponto a poluição do verde, esta já bastante conhecida.

Quanto à formação de professores(as), isso tem uma importância muito grande à medida que muito mais importante que termos acesso às informações é refletirmos sobre elas, sobre o que delas nos interessa, o que elas nos dizem, o que elas nos produzem de sentidos. Enfim, sabermos decidir o quanto e o que delas é relevante para nossa vida. Há que pensarmos sobre de que forma vamos nos relacionar com tantas e tão complexas informações que nos chegam a todo momento e através dos mais diferentes veículos e linguagens. É fundamental agregar a esse processo informacional um olhar mais ecológico e sensível. Uma das maneiras de não sucumbirmos a esse processo de "avalanche" informacional é incorporarmos à formação de professores(as) os saberes gerados na experiência. Para tanto, há que valorizarmos as trajetórias profissionais e de vida dos profissionais da educação em geral e em particular dos professores(as) envolvidos com a Educação de Jovens e Adultos. Ou seja: (re)pensar sua prática a partir da (re)significação de suas experiências, vivências e representações imaginárias sobre sua condição de educador(a) e de pessoa. Esse processo de reflexão sobre si próprio é uma ótima maneira de passarmos da condição usual de observadores para observados. Uma das contribuições mais generosas da educação, como um ofício e um ato político, é mostrar que certas verdades e representações cristalizadas em nossa sociedade não passam de mais uma das tantas representações construídas histórica e culturalmente. Portanto, podem ser (re)desconstruídas. Esta desconstrução já começou. Mesmo com todos os equívocos e desencontros, já existe um grande número de experiências de Educação de Jovens e Adultos sendo desenvolvidas por um outro sem-número de professores e professoras por este Brasil a fora.

4) Mas então... quem é este(a) menestrel pós-moderno da EJA?

Quem é este(a) educador(a) que foi chamado(a), convidado(a), às vezes convocado(a) para ser professor(a) na Educação de Jovens e Adultos?

Como aconteceu de alguém que ministrava suas aulas para os anos iniciais, trabalhando, portanto, com crianças, ver-se não mais que de repente envolvido com jovens e adultos em processo de alfabetização?

Quem é este(a) educador(a) que "do dia para noite" viu-se diante de homens e mulheres jovens e adultos(as), não raro de rosto cansado e corpo doído, chegando à escola após uma longa jornada de trabalho?

Quem é este(a) educador(a) que, ao invés de crianças, vê, a partir de agora, homens e mulheres adultos(as) ocupando as classes que durante o dia eram ocupadas por crianças?

Que sala de aula é esta que não mais vive a algazarra das crianças, mas, sim, abriga o olhar sério, apreensivo, tímido, às vezes assustado de homens e de mulheres que teimam em não desistir de aprender algo tão simples como ler e escrever? Que insistem em não perder a esperança de aprender a "acolherar" as letras e ver no que isso vai dar?

Afinal, que escola é esta que a partir de agora tem em suas salas de aula as mesmas pessoas que um dia podem ter ajudado a lançar seus alicerces, a erguer suas paredes, a colocar o seu telhado?

Que escola é esta que a partir de agora recebe o desafio de ensinar a ler e a escrever àqueles(as) que sem o saber foram capazes de um dia construí-la? Como não lembrar aqui da música *Cidadão*, de Zé Ramalho, quando nos diz:

> Tá vendo aquele edifício moço
> Ajudei a levantar
> Foi um tempo de aflição, era quatro condução

Duas pra ir, duas pra voltar
Tá vendo aquele colégio moço
Eu também trabalhei lá
Lá eu quase me arrebento
Fiz a massa,
Fiz cimento, ajudei a rebocar
Minha filha inocente vem pra mim toda contente
"Pai vou me matricular"
Mas me vem um cidadão:
"Criança de pé no chão aqui não pode estudar"
Essa dor doeu mais forte
Por que é que eu deixei o norte
Eu me pus a dizer
Lá a seca castigava, mas o pouco que eu plantava
Tinha o direito a comer (Letra: Lucio Barbosa).

Parafraseando o educador Paulo Freire – talvez o maior menestrel da educação brasileira – quais seriam os *saberes necessários para o(a) educador(a) de jovens e adultos?*

Certamente que não tenho a pretensão de responder, de forma definitiva, a essa pergunta, bem como a todas as demais que poderão surgir a partir de cada leitor e de sua respectiva leitura. No entanto, espero ter, ao longo deste texto, deixado explícitos alguns desses saberes, algumas pistas e trilhas a serem seguidas e/ou (re)inventadas nesse caminho ainda por fazer. Caminho que nos leve ao cumprimento desta que foi uma das tantas promessas não cumpridas pela Modernidade Iluminista: a promessa de escola pública e de qualidade para todos e todas. Por outro lado, se não disse o que fazer, acredito ter, em vários momentos, sinalizado algumas das tantas representações e atitudes que não é bom que continuemos repetindo em nossas práticas educativas. Como não se cansava de repetir Paulo Freire, assustam mais aqueles(as) educadores(as) que estão cheios de verdades do que aqueles(as) que estão carregados de dúvidas. Se no cotidiano de nossas escolas, no trabalho com a EJA, muitos erros nos esperam, muitos sustos nos aguardam nas "esquinas" e nos labirintos da exclusão, muitas surpresas agradáveis também acontecerão. As trilhas estão sendo seguidas, não estão prontas. Se estivessem, trilhas não seriam: seriam avenidas, estradas, rodovias. Seriam rotas seguras. Seriam certezas e verdades. Ao contrário dos mapas definitivos e dos caminhos já consolidados, há que aventurar-se. Arriscar-se por novas trilhas. Não há por que temer as sombras. São nesses territórios de claro-escuro que, como nos ensina Gauthier, através da Sociopoética, habitam o novo, a diversidade, a mistura, a mestiçagem cultural. É desta conversação entre razão e emoção, entre o eu e o outro, entre o conceito frio e o saber afetivo que pode nascer uma forma diferente, solidária e ecológica de construir conhecimento onde, mais importante que elaborar categorias e conceitos, construamos, juntos, um novo tipo de saber. Um saber que seja construído não pela via da regulação e do controle, mas, sim, no partilhamento e na prudência. Isso pode ser feito a partir da construção de "novos conceitos, conceitos-afetos ou confetos" (GAUTHIER, 2001, p. 56).

Sem dúvida que o desafio é enorme; as perguntas superam as respostas. Porém, como dizia o criador do *Teatro do Oprimido*, Augusto Boal (2001, p. 212): *"Pra quem quer beber o mar, tempestade é aperitivo"*. Afinal de contas, quem é educador neste país sabe o tamanho da tarefa que tem pela frente. Sabe que precisa ser como os *lavradores de ondas* a que se refere o menestrel do teatro popular brasileiro: "Lavra-se uma onda, e tem sempre outra que se aproxima. Mas tem tanto lavrador do mar no Brasil, gente maravilhosa, fazendo coisa. Nós somos um bando de lavradores do mar" (BOAL, 2001, p. 256). Assim como os antigos *menestréis* não tinham paradeiro fixo nem seguiam caminhos conhecidos, o trabalho com a EJA exige que estejamos atentos para construir caminhos, a partir das trilhas que estão sendo experimentadas por diferentes educadores e educadoras nas mais diferentes regiões deste país.

Assim como no *Parangolé* de Helio Oiticica, no trabalho com a Educação de Jovens e Adultos há que *inventar* novas metodologias, novas práticas didáticas e, particularmente, novas possibilidades avaliativas. Há que aceitar o desafio de *inventar* tantos *parangolés* quantos forem os obstáculos que se apresentarem.

Saudações ecologistas, pacifistas e educadoras!

Referências

BARCELOS, V.H.L. *Avaliação da Educação de Jovens e Adultos*: uma proposta solidária e cooperativa. Petrópolis: Vozes, 2014.

_____. *Educação de Jovens e Adultos*: currículo e práticas pedagógicas. 4. ed. Petrópolis: Vozes, 2012.

_____. *Formação de professores para a Educação de Jovens e Adultos*. 6. ed. Petrópolis: Vozes, 2009.

_____. "Escritas reais... escrituras imaginárias – Representando o lugar da formação de professores(as). *Mesa-redonda*. Curitiba: ANPEDsul, 2004 [Anais].

_____. "O texto literário e as representações sociais: uma alternativa metodológica em educação ambiental". *Revista de Ciências Humanas*, série especial temática, 2002, p. 259-268. Florianópolis.

_____. "Representando o mundo através do texto literário: uma alternativa metodológica em educação ambiental". *Revista Educação*: teoria e prática, vol. 9, n. 16-17, 2001, p. 1-15. Rio Claro.

BOAL, A. *Hamlet e o filho do padeiro* – Memórias imaginadas. Rio de Janeiro: Record, 2000.

FREIRE, P. *A importância do ato de ler*. São Paulo: Cortez, 2003.

_____. *Cartas a Cristina* – Reflexões sobre minha vida e minha práxis. São Paulo: Unesp, 2001.

_____. *Pedagogia da Indignação*. São Paulo: Unesp, 2000.

_____. *Pedagogia da Autonomia*: saberes necessários à prática educativa. São Paulo: Paz e Terra, 1996.

_____. *Política e educação*. São Paulo: Cortez, 1993.

_____. *Educação e mudança*. São Paulo: Paz e Terra, 1979.

_____. *Pedagogia do Oprimido*. São Paulo: Paz e Terra, 1970.

GAUTHIER, J. *Uma pesquisa sociopoética* – O índio, o negro e o branco no imaginário de pesquisadores da área de Educação. Florianópolis: EDUFSC, 2001.

GROSSI, E.P. *Paixão de aprender*. Petrópolis: Vozes, 1992.

LARROSA, J. "Notas sobre a experiência e o saber de experiência". *Revista Brasileira de Educação*, n. 19, jan.-abr./2002, p. 20-29. Campinas.

_____. *Pedagogia profana*: danças, piruetas e mascaradas. Belo Horizonte: Autêntica, 2000.

LÜDKE, M. *O professor e a pesquisa*. Campinas: Papirus, 2001.

MADEIRA, M. "Representações sociais e educação: importância teórico-metodológica de uma relação". In: MOREIRA, A.S.P. (org.). *Representações sociais*: teoria e prática. João Pessoa: Editora Universitária, 2001.

MORIN, E. *Pra sair do século XX*. Barcelona: Kairós, 1981.

TARDIF, M. *Saberes docentes e formação profissional*. Petrópolis: Vozes, 2002.

Colaboradores

Ivanilde Apoluceno e Oliveira – Professora da Universidade Estadual do Pará. Pós-doutorado em Educação pela PUC do Rio de Janeiro. Doutora em Educação pela PUC de São Paulo. Coordenadora do Fórum Nacional de Editores de Periódicos em Educação (FEPAE). Coordenadora do Núcleo de Educação Popular Paulo Freire da UEPA. Coordenadora do Programa de Pós-Graduação em Educação. Pesquisadora e autora de vários livros na área educacional. E-mail: nildeapoluceno@uol.com.br

Maria Olívia Matos de Oliveira – Professora pleno da Universidade do Estado da Bahia. Doutora em Educação pela Universidade Autônoma de Barcelona. Mestre em Calidad Educativa pela Universidad Autónoma de Barcelona. Pós-doutorado pela Universidade Estadual do Rio de Janeiro (UERJ). Trabalha com os processos formativos a distância e as tecnologias aplicadas à Educação, atuando principalmente nas áreas de formação de professores para a EJA. Autora de livros em educação. Vice-coordenadora do Mestrado Profissional em EJA. E-mail: mariaoliviamatos@gmail.com

Célia Maria Adeodato – Professora da rede pública de Educação na Bahia. Pedagoga pela Universidade do Estado da Bahia – UNEB. Pesquisadora da temática: mulheres traficadas. E-mail: c_adeodato@yahoo.com.br

Maria Sacramento Aquino – Proferssora titular da Universidade do Estado da Bahia – UNEB. Doutorado em Educação pela UFRN/RN. Atuação no Curso de Pedagogia e no Mestrado Profissional em EJA. E-mail: aquinomaria@yahoo.com.br

Maria Gonçalves Conceição Santos – Licenciada em Geografia pela UFBA. Mestrado em Educação (UL) e Doutorado em Geografia (Universidade de Coimbra). Professora adjunta da UNEB. E-mail: mgsantos1962@yahoo.com.br

Organizadores

Valdo Barcelos – Professor do Programa de Pós-Graduação em Educação e professor-associado na UFSM. Pesquisador Produtividade 1-CNPq. Pós-doutorado em Antropofagia Cultural Brasileira. Doutor em Educação (UFSC). Professor e pesquisador-visitante no INPA. Professor conferencista convidado do Instituto Piaget. Desenvolve pesquisas no campo da Formação de Educadores na perspectiva da Educação Intercultural. Coordena o Núcleo **Kitanda**: Educação e Intercultura (UFSM-CNPq). É membro pesquisador do Núcleo **Mover**: Educação Intercultural e Movimentos Sociais (UFSC). Sobre EJA publicou: *Avaliação na Educação de Jovens e Adultos – uma proposta solidária e cooperativa*; *Educação ambiental*; *Educaçao de jovens e adultos*; *Uma educação nos trópicos*.

Tânia Regina Dantas – Professora titular da Universidade do Estado da Bahia. Doutora em Educação pela Universidade Autônoma de Barcelona. Mestre em Ciências da Educação pela Universidade de Paris VII. Mestre em Didática pela Universidade Autônoma de Barcelona. Pesquisadora e autora de livros em EJA e sobre formação de professores. Membro do Fórum EJA/Bahia. Coordenadora do Programa de Pós-Graduação em Educação de Jovens e Adultos – Mestrado Profissional. Editora da *Revista da FAEEBA* de 2010 a 2014.
E-mail: taniaregin@hotmail.com

CULTURAL

Administração
Antropologia
Biografias
Comunicação
Dinâmicas e Jogos
Ecologia e Meio Ambiente
Educação e Pedagogia
Filosofia
História
Letras e Literatura
Obras de referência
Política
Psicologia
Saúde e Nutrição
Serviço Social e Trabalho
Sociologia

CATEQUÉTICO PASTORAL

Catequese
Geral
Crisma
Primeira Eucaristia

Pastoral
Geral
Sacramental
Familiar
Social
Ensino Religioso Escolar

TEOLÓGICO ESPIRITUAL

Biografias
Devocionários
Espiritualidade e Mística
Espiritualidade Mariana
Franciscanismo
Autoconhecimento
Liturgia
Obras de referência
Sagrada Escritura e Livros Apócrifos

Teologia
Bíblica
Histórica
Prática
Sistemática

REVISTAS

Concilium
Estudos Bíblicos
Grande Sinal
REB (Revista Eclesiástica Brasileira)
SEDOC (Serviço de Documentação)

VOZES NOBILIS

Uma linha editorial especial, com importantes autores, alto valor agregado e qualidade superior.

VOZES DE BOLSO

Obras clássicas de Ciências Humanas em formato de bolso.

PRODUTOS SAZONAIS

Folhinha do Sagrado Coração de Jesus
Calendário de mesa do Sagrado Coração de Jesus
Agenda do Sagrado Coração de Jesus
Almanaque Santo Antônio
Agendinha
Diário Vozes
Meditações para o dia a dia
Encontro diário com Deus
Guia Litúrgico

CADASTRE-SE
www.vozes.com.br

EDITORA VOZES LTDA.
Rua Frei Luís, 100 – Centro – Cep 25689-900 – Petrópolis, RJ
Tel.: (24) 2233-9000 – Fax: (24) 2231-4676 – E-mail: vendas@vozes.com.br

UNIDADES NO BRASIL: Belo Horizonte, MG – Brasília, DF – Campinas, SP – Cuiabá, MT
Curitiba, PR – Florianópolis, SC – Fortaleza, CE – Goiânia, GO – Juiz de Fora, MG
Manaus, AM – Petrópolis, RJ – Porto Alegre, RS – Recife, PE – Rio de Janeiro, RJ
Salvador, BA – São Paulo, SP